6-95

NEWCASTLE COLLE

0C

D0635326

'An inspired perform
bright, and it has a s
that is difficult to imagine being
    The Herald

'Enormous popular success... A punch and vigour that more
po-faced versions lack.'
    The Observer

'An agile, state-of-the-art Glaswegian tongue that spits and
bullies, caresses and jokes, climbing to the heights of heart-
breaking soul-music, and digging into the gutters of inventive
slang and slander.'
    Scotland on Sunday

'His brash contemporary lingo seizes the attention... A
refreshing corrective to recent revivals of Rostand's play.'
    The Times

'...vin Morgan's vigorous new translation turns Edmond
...and into Glaswegian Scots, and this tough, immediate
humour grabs us from the opening scene in the Bourgogne
theatre and heightens the subsequent pathos... A great story
well told.'
    The Independent on Sunday

Cover photographs by Sean Hudson: Roxane (Sandy McDade), Christian
(Kenny Glenaan) and Cyrano (Tom Mannion). From the Communicado
Theatre Company production, 1992, with thanks to Communicado for
their permission and assistance.

Also by Edwin Morgan from Carcanet

Collected Poems
Poems of Thirty Years
Selected Poems
Themes on a Variation

Crossing the Border
(Essays on Scottish Literature)

EDMOND ROSTAND'S

Cyrano
de Bergerac

A NEW VERSE TRANSLATION BY

EDWIN MORGAN

CARCANET

LIBRARY
NEWCASTLE COLLEGE
NEWCASTLE UPON TYNE

Class	Acc.
842 ROS	93009237

This translation first published by
Carcanet Press Limited
208–212 Corn Exchange Buildings
Manchester M4 3BQ

Translation and foreword copyright © Edwin Morgan 1992

The right of Edwin Morgan to be identified as the translator of this work has been asserted
by him in accordance with the Copyright, Designs and Patent Act of 1988.

All rights whatsoever in this play are strictly reserved and applications to perform it in whole
or in part must be made in advance, before rehearsals begin, to Carcanet Press Limited.

A CIP catalogue record for this book is available from the British Library.

ISBN 1 85754 028 X

The publisher acknowledges financial assistance from the Arts Council of Great Britain.

Set in Adobe Garamond by Combined Arts, Edinburgh

Printed and bound in England by SRP Ltd, Exeter

To Gerry Mulgrew
and the
COMMMUNICADO THEATRE COMPANY
who made it possible

First Performances

Communicado Theatre previewed Edwin Morgan's translation of *Cyrano de Bergerac* at the Maltings Theatre, Berwick upon Tweed, 30 July – 1 August 1992, and the première was given at the Eden Court Theatre, Inverness, 6 August 1992.

❧ Production

Directed by GERRY MULGREW
Assistant Director ANDREW FARRELL
Designed by GORDON DAVIDSON
Lighting designed by RICK FISHER
Original music by IAIN JOHNSTONE
Costumes by CAROLINE SCOTT
Production Manager DEBBIE FORBES

❧ The Cast

The theatre troupe Communicado
Presents, with daring and bravado
Rostand's epic, comic, five act
Cyrano de Bergerac

The hero with tumulus nose for companion
Cyrano is played by Mr TOM MANNION
The love of his life, his cousin *Roxane*
Formally known as Magdaleine Robin
Whose youthful attraction the years will not fade
Is interpreted here by Ms SANDY McDADE

But her beating heart is not his, not yet
For she loves *Baron Christian de Neuvillette*
To his musket, fife and drum she's partial
The part being played by GAVIN MARSHALL*
And watch out for *De Guiche*, a count of France
Revealed by ROBERT PICKAVANCE

The *Usherette, Minder,* and many a part
Is rendered this evening by PAULINE LOCKHART
And *Valvert* the swordsman who fences and yields
Is given board strutting by wee MALCOLM SHIELDS
Lignière the drunkard, *Montfleury* the ham
Are inhabited by Mr KENNETH GLENAAN

Enter the poet of pastry and dough
The custard tart rhymer, *Monsieur Ragueneau*
In return for a verse its cream cakes you'll be offered
The role being filled by CAROL ANN CRAWFORD
And Cyrano's friend, the soldier *Le Bret*
Is here ROBERT RICHMOND, alone, in this play

Cook, cadet, actress are all FRANK McCONNELL
Plus *Ragueneau's Wife* who's not easy to haundle
IAIN JOHNSTONE's the tubist and accordionista
Though we mention him last we do not mean leasta
So! to all with a ticket, enjoy! it's good crack!
This performance of *Cyrano de Bergerac*.

GERRY MULGREW

---

* During the 1992 Edinburgh Festival performances,
  Kenneth Glenaan played the role of Christian.

FOREWORD

EDMOND ROSTAND (1868–1918) wrote a fair number of plays, some of which had a reasonable amount of success, but his name is always associated with *Cyrano de Bergerac*, which burst on the Parisian public in 1897 and made Rostand a household name and a national hero. He had the advantage of the great actor Coquelin playing the title role, but the audience found something specially rousing and attractive in the play's romanticism, its ability to mix swashbuckling historical action with passionate love duets and dark moments of tragedy. In the age of Ibsen, it came as a delightful release. Its hero was a poet, and the brilliant verse of the play, full of pyrotechnics and wit, but racily colloquial too, and capable of a moving lyricism when the need arose, was a reminder of what poetry can do in the theatre. The play was robust and boisterous, yet sad also, and it at once inhabited a territory of its own, escaping both gritty naturalism and fin-de-siècle decadence. That robust quality, theatrical yet human, is what keeps the play alive today. Rostand called it a 'heroic comedy', and that is as good a description as any. A drama which was approved of by both Jack London and T.S. Eliot must be somewhat remarkable. London saw it in America as early as 1898, and (not surprisingly) felt an instant identification with Cyrano's energy and individualism. Eliot, writing to commemorate Rostand's death, and using the royal plural, remarked that 'we find ourselves looking back rather tenderly upon the author of *Cyrano*', and singled out Cyrano on Noses as a fine example of dramatic self-awareness and 'a gusto which is uncommon on the modern stage.'

Maybe it is not so strange that the oyster pirate and the bank clerk should both like Cyrano. This character is one of the longest and most demanding roles in the repertory, and Cyrano, like Hamlet, is a man of many parts, whose full nature has to be shown in a great variety of situations and encounters. Rostand had soaked himself in the life and times of the real Cyrano de Bergerac (1616–1655), and relished the manysidedness of a man who was a poet, a Guards officer, a dramatist, a musician, a writer of science-fiction, a student of philosophy and physics, a freethinker, and gay (which could offer the theme of frustrated love an added resonance, scarcely but perhaps just audible in the play itself). So many stories and legends attached themselves to Bergerac that as time passed, people sometimes wondered if he had ever existed, but he had, and his short but extraordinary life provided wonderful material for a playwright. Chance, and Rostand's enthusiasm, fused at exactly the right moment for such a drama to make its impact, not as an indulgent rehash of the romanticism of Hugo and Dumas, and not as a laboured attempt at complete biographical reconstruction, but something *sui generis*, an astonishing marriage of careful theatrical design and marked flamboyance of character, devoted to that rare sort of hilarity which stores up and then delivers its little time-bombs of pain.

Cyrano is a deflator of pomposity, a despiser of show and pretence, a refuser of favours, a defender of friends. When he sees Ragueneau's wife Lise ogling a musketeer, he moves quickly to break up that scene, his word-play not lessening his seriousness:

> *Ragueneau me plaît. C'est pourquoi, dame Lise,*
> *Je défends que quelqu'un le ridiculise.*
> (Act 2 Scene 4)

When Count de Guiche offers to help Cyrano have his play produced, with a degree of seigneurial text-correction from Cardinal Richelieu, the reaction is rude but proud:

> *Impossible, Monsieur; mon sang se coagule*
> *En pensant qu'on y peut changer une virgule.*
> (Act 2 Scene 7)

A self-confidence that must seem unbreakable accompanies a hero who can win a duel while composing a ballade that ends with a synchronized verbal and swordsmanly touché:

> *À la fin de l'envoi, je touche.*
> (Act 1 Scene 4)

Yet this is the man whose vulnerability unlocks the play's powerful current of feeling. The excited delight he experienced in writing Christian's proxy love-letters to Roxane was platonic, aesthetic, joyously dramatic but self-defeating in its sincere 'insincerity'; his moment of ecstatic self-confession to Roxane in the balcony scene could have no outcome, since it depended on his being invisible to the hearer; and the intense pathos of the final anagnorisis, when Roxane recognizes his dying voice as the voice of the letter-writer, is thrown into a striking perspective when he denies that she has been the cause of his misery:

> *Vous?... au contraire!*
> *J'ignorais la douceur féminine. Ma mère*
> *Ne m'a pas trouvé beau. Je n'ai pas eu de sœur.*
> *Plus tard, j'ai redouté l'amante à l'œil moqueur.*
> *Je vous dois d'avoir eu, tout au moins, une amie.*

(Act 5 Scene 6)

Cyrano dies poor, hungry, murdered, striking out at disembodied enemies. The man of action and the defender of values returns on the last page. But so does something less categorizable: an unquenched spirit of self-awareness, as he envisages, in a last act of smiling Gascon dramatic projection, the plume of his doffed hat being swept on the floor of heaven, 'sans un pli, sans une tache'. This may make the comedy 'heroic', as Rostand claimed, despite Roxane's 'C'était vous' (Act 5 Scene 5) having signalled sadness so piercingly that we are left with a complex of feelings, strong, certainly not sentimental, glad that everything is now known, conscious of waste, wondering at the varieties of love, but still – and even in a new way – admiring the hero.

Various English versions of the play have been made, but it is one of those rich and challenging works which need to be translated again and again, in different circumstances and for different purposes, readerly and actorly. The time seemed ripe for a Scottish version, but one that would be thoroughly stageworthy, and not incomprehensible to audiences at the Edinburgh International Festival. I decided that an urban Glaswegian Scots would offer the best basis, since it is widely spoken, can accommodate contemporary reference, is by no means incapable of the lyrical and the poetic, and comes unburdened by the baggage of the older Scots which used to be thought suitable for historical plays. I kept English for the Count de Guiche, and for some of the minor characters (the fops, the nuns, Roxane's duenna). To meet the demands of the Communicado production, the characters of Le Bret and Carbon were amalgamated, the part of the Usherette was extended by some new dialogue, and a nuns' song was written to introduce the last act.

The text used in this translation was the edition by Patrick Besnier (Gallimard, Paris, 1983).

E.M.

THE CAST

Cyrano de Bergerac
Count de Guiche
Le Bret / Carbon de Castel-Jaloux
Brissaille
Viscount de Valvert
Bellerose
Roxane
Lise
Mother Marguerite
The Doorman
Lackeys
His Son
A Guardsman
A Card Player
A Thief
Fops
A Troublemaker
Actresses
Children
Cadets
The Capuchin

Christian de Neuvillette
Ragueneau
Cuigy
Lignière
Montfleury
Jodelet
The Minder
Sister Marthe
Sister Claire
Cavaliers
A Bourgeois
The Usherette
A Fencer
The Flower Girl
Pages
A Spectator
A Musketeer
Pastrycooks
Poets
Man of Letters
A Sentry

꙳

Act I	*The Hôtel de Bourgogne*
Act II	*Ragueneau's Patisserie*
Act III	*Roxane's Kiss*
Act IV	*The Gascon Cadets*
Act V	*Cyrano's Gazette*

꙳

The first three acts are set in Paris and the fourth at the siege
of Arras, 1640. The last act returns to Paris, in 1655.

Act 1

*A performance at the Hôtel de Bourgogne,
Paris, 1640*

❧ *Scene* 1

THE DOORMAN
Stoap! ye've no peyed!
FIRST CAVALIER
    Ah'm free!
THE DOORMAN
       Naw ye're no!
THE CAVALIER
Oh but I am. King's Caivalry, ye know.
THE DOORMAN
You therr!
SECOND CAVALIER
   Ah'm free tae.
THE DOORMAN
     Naw –
SECOND CAVALIER
       A musketeer!
FIRST CAVALIER
Things disnae stert till two acloke. The flair
's empty. See's a foil, let's fence.
FIRST LACKEY
      Pst... Flanquin!
SECOND LACKEY
Hey, Champagne?
FIRST LACKEY
   Cairds, dice, see?
       Let's play.
SECOND LACKEY
        Aye, fine.

FIRST LACKEY
    The caunle's fae ma boss – though he disnae know it.
GUARDSMAN *(to a flower girl)*
    A wee squeeze before there's lights tae show it!
ONE OF THE FENCERS
    A nick!
ONE OF THE CARD PLAYERS
        A club!
THE GUARDSMAN
            A kiss!
THE FLOWER GIRL
                They'll see!
THE GUARDSMAN
                        Nae fear!
A MAN
    Best tae be early, for your pie and beer.
A BOURGEOIS
    Let's sit here, son.
A CARD-PLAYER
                Three aces!
A DRUNK MAN
                    A cundy
    For Burgundy, that's me in the Hoose o Burgundy!
THE BOURGEOIS
    What kinna place is this? A den, a sink?
    Winos!
        Louts!
            Gamblers!
THE GUARDSMAN
                A kiss!
THE BOURGEOIS
                    Tae think,
    By Gode, son, that they dared tae play Rotrou
    In sic a place as this!
THE YOUNG MAN
                Aye. Corneille too!
A GAGGLE OF PAGES
    Tra–la–la–la–la–la–la–la–la–la–la–lee!

THE DOORMAN
  Watch it! Behave!
FIRST PAGE
                    Cannae dae wrang sir, look...
  — Hiv ye gote the string?
SECOND PAGE
                              Aye, and the fish-hook.
FIRST PAGE
  Up the sterrs. Fish for wigs. Great.
A THIEF
  Listen, young fellas, it's time tae educate
  Yese in the art of hoo to dip and steal...
SECOND PAGE
  Hey! Who's gote peashooters?
THIRD PAGE
                              Me. Peas as weel.
THE YOUNG MAN
  What's the play, da?
THE BOURGEOIS
                    Clorise.
THE YOUNG MAN
                              And who wrote it?
THE BOURGEOIS
  Baro. Balthazar Baro. Ye must note it...
THE THIEF
  ... lace tae, lace at the garters, snick it!
A SPECTATOR
  Yon's where I saw *The Cid.* A première ticket!
THE THIEF
  Watches...
THE BOURGEOIS
                    Real actors, son: stars in their spheres!
THE THIEF
  Hankies...
THE BOURGEOIS
                    Montfleury...
A VOICE FROM THE GALLERY
                              Light the chandeliers!

THE BOURGEOIS
    Bellerose, La Beaupré, Jodelet, L'Epy!
A PAGE
    Here's the usherette!
USHERETTE
                    Ices, ginger, tea,
    Raspberry yoghurt, Greek yoghurt, aw the yoghurts,
    Lovely Turkish delight, licorice awsorts,
    Popcoarn, hote chestnits, marshmallows,
    Chewin-gum, candyfloss...
A FALSETTO VOICE
                    Let me *past*, you brutes!
A LACKEY
    The fops!... in the pit?
SECOND LACKEY
                    No fur many minutes!
FIRST FOP
    What *is* this? Traipsing in like drapers,
    No disturbance, no *entrance*? I'll have the vapours.
    It's too awful!
                    Cuigy! Brissaille!
CUIGY
                            Ah, our band
    's all here. Yes, we beat the candles. And –
FIRST FOP
    Oh it's all just too dreadful. I'm quite –
SECOND FOP
    Cheer up my boy, here comes the jolly light!
THE CROWD
    Ah!...

⅔ Scene 2

CUIGY
    Lignière!
BRISSAILLE
            Richt sober, ay?
LIGNIERE
                    Introduce ye?...
    Baron de Neuvillette.

THE CROWD

Ah!

CUIGY

Isn't he dishy?

FIRST FOP

Well...

LIGNIERE

Messieurs de Cuigy, de Brissaille...

CHRISTIAN

Delighted...

FIRST FOP

His looks are passable, but he's quite *benighted*
As regards *fashion*.

LIGNIERE

He's come here fae Touraine.

CHRISTIAN

That's right. Nae mair than three weeks since Ah came.
Ah jyne the Gairds the morn's morn, fur guidsakes!

FIRST FOP

There's Madame Aubry!

THE USHERETTE

Oranges, milk shakes!

THE VIOLINISTS

La... la...

CUIGY

Whit a crowd!

CHRISTIAN

A mob!

FIRST FOP

Crème de la crème!

SECOND FOP

Mesdames

De Guéméné...

CUIGY

De Bois-Dauphin...

FIRST FOP

Such lambs!

BRISSAILLE

De Chavigny...

SECOND FOP

> Ah, she can do no wrong!

LIGNIERE

Even Corneille has made it, fae Rouen!

THE YOUNG MAN

Is the Academy here?

THE BOURGEOIS

> Aye, big and braw:
There's Boudu, Boissat, Bourdon, and Arbaud,
Cureau de la Chambre, Colomby, Bourzeys and Porchères...
Grand names tae live fur ever and evèr!

FIRST FOP

Look! Academicianettes too! What a gas!
Barthénoïde, Urimédonte, Cassandace,
Félixérie...

SECOND FOP

> Oh, those names are *divine*!
Do you know them all, my dear?

FIRST FOP

> I know them fine!

LIGNIERE

Ma freen, your love's no here. There's no a loat'll
Happen. Ah cannae help. Ah'm aff tae ma boattle.

CHRISTIAN

Hod oan! You know them aw, the coort, the toon:
Who is it makes ma hert go roon and roon?

FIRST VIOLINIST

Ready, fiddlers!...

THE USHERETTE

> Macaroons, lemon squash...

CHRISTIAN

Ah'm feart she'll think ma speeches are all tosh.
Ah'll bet she's gote her pinkie aff the tea-cup.
Ah cannae rap, ma wit ends wi a hiccup.
Ah'm only a pair sojer. – That's her boax
But naebdy's there. Where is she? Ma hert knoacks.

LIGNIERE

Ah'm aff.

CHRISTIAN
       Wait, wait...

LIGNIERE
             Ah cannae. D'Assoucy
's at the bar. This place is anti-boozy!

THE USHERETTE
   Orange?

LIGNIERE
      God, naw!

THE USHERETTE
           Milk?

LIGNIERE
              Ye jokin?

THE USHERETTE
                White wine?

LIGNIERE
   Well now... Mibbe Ah'll stey... Aye, that's fine.

VOICES FROM THE CROWD
   Ah! Ragueneau!

LIGNIERE
          Chop-hoose king, Ragueneau!

RAGUENEAU
   Sir, hiv ye seen Monsieur de Cyrano?

LIGNIERE
   Ragueneau, pastry-man o poetry and the stage!

RAGUENEAU
   Aw but...

LIGNIERE
        Aye but. You're a Maecenas o the age!

RAGUENEAU
   Ah dae get poets in the shoap.

LIGNIERE
              On tick!
But he himsel can rhyme...

RAGUENEAU
             Ah've learnt the trick...

LIGNIERE
   Verse-crazy!

RAGUENEAU

              Okay, for odes, if they're artless...

LIGNIERE

  Ye'd gie a tart...

RAGUENEAU

             Naw, but mibbe tartlets!

LIGNIERE

  Sich self-effacement! And a triolet noo,
  Whit wid that get?

RAGUENEAU

          Rolls!

LIGNIERE

            Fresh wans too!
  – Ye like the theatre?

RAGUENEAU

          Adore it. Tremendous.

LIGNIERE

  Tickets for pastry! Is the rate horrendous?
  Between you and me, whit did it cost ye the-night?

RAGUENEAU

  Five custard tarts, fifteen cream buns. All right?
  – Monsieur de Cyrano's no here. Strange, that.

LIGNIERE

  Why?

RAGUENEAU

     Montfleury's playing!

LIGNIERE

          Sure, the fat-
  arse is due tae strut his stuff as Phaedo.
  But why should Cyrano be up tae high doh?

RAGUENEAU

  Ye mean ye don't know how he hates Montfleury,
  Tellt'm tae scarper, no come back 'n a hurry?

LIGNIERE

  Well, what the hell...

RAGUENEAU

        He's in the play!

CUIGY

           And so...

RAGUENEAU
Am Ah no gled Ah came!

FIRST FOP
                    Who's Cyrano?

CUIGY
A man whose game is rapiers, no cairds.

SECOND FOP
Noble?

CUIGY
        Noble enough. Cadet in the Gairds.
But there's his freen, he'll tell ye.
                              Le Bret!

Ye lookin fur Bergerac?

LE BRET / CARBON
                    Aye, all day...

CUIGY
Is he no the maist byordnar son-of-a-gun?

LE BRET / CARBON
Ah, he's the best, the first under the sun!

RAGUENEAU
A rhymer!

CUIGY
        A fechter!

BRISSAILLE
            A scientist;

LE BRET / CARBON
                    A musician!

LIGNIERE
And whit a presence, whit an apparition!

RAGUENEAU
True. An auld fart like Philip of Champaigne
Will niver pent his portrait. Agin the grain!
But auld Emilio Coia, therr's the boay who'd
Huv fixed this heich-skeich wild ootlandish dude
Oan a canvas. Yon hat wi its triple plume,
The six-flapped doublet, the cape that swalls back roon
His stickie-oot sword like a cock's pawky tail,
That gallus Gascon swagger, the niver-fail
Buckle-swash, the birse and brangle, the birkie

Breengein fae a line o birkies, the quirky
Ruff at his neck, sae Punchinello-teuch,
And above that ruff – fellas, it's eneuch
Tae get ye gibberin – a nose, a neb, a niz –
The hooter-bearer passes – 'Cannae be!' – 'It is!' –
'It's no. He'll take it aff, jist wait.' They laugh.
But Bergerac will niver take it aff.

LE BRET / CARBON

He keeps it oan. Gawk, and ye've met yer mate!

RAGUENEAU

Yon blade o his is hauf the shears o Fate!

FIRST FOP

He'll not come!

RAGUENEAU

                             Place a bet: a nice ragoût
À la Ragueneau!

FIRST FOP

                     Done!

SECOND FOP *(as Roxane appears, in her box)*

                             Gentlemen, she's too
Incredibly stunning!

FIRST FOP

                             Pure as a peach,
With a strawberry smile!

SECOND FOP

                                     And she's so fresh to each,
Such pose, such cool, you'd catch a cold from her!

CHRISTIAN

That's her!

LIGNIERE

                 Ye're sure?

CHRISTIAN

                                     Whit's her name? Ah've nae virr.

LIGNIERE

Magdaleine Robin, otherwise Roxane. Rated
Gey sherp. Weel-read.

CHRISTIAN

                             Aw no!

LIGNIERE

Liberated.

Orphan. Cousin of Cyrano...

CHRISTIAN

Who's that?

LIGNIERE

Aha, the Count de Guiche! Loves her, the prat!
He's merrit tae the Cardinal Richelieu's niece.
Wahnts tae merry Roxane tae a sad cheese,
Viscount de Valvert, who'd gie him a wee piece
O the action. She's agin it, but see that de Guiche –
An untitled lassie's like putty tae an aristo!
Well, Ah've shawn up his shoddy little swizz to
The warld in a sang Ah've wrote. He'll hate it!
The ending's right coorse. Listen...

CHRISTIAN

Naw, firget it...

LIGNIERE

Where ye gaun?

CHRISTIAN

Tae Viscount de Valvert!

LIGNIERE

Take care!

He'll kill ye! – Wait. Ye're bein watched up there.

CHRISTIAN

So Ah am!

LIGNIERE

It's *me* that's gaun – tae swill
Ma drouth at the bar!

LE BRET / CARBON

Nae Cyrano.

RAGUENEAU

Still –

LE BRET / CARBON

Ah hope he hasnae seen the poster but!

THE CROWD

Why are we waiting?

❧ *Scene 3*

A FOP *(as De Guiche and his entourage, including Valvert, appear)*
See de Guiche in full strut!

SECOND FOP
Another Gascon – bah!

FIRST FOP
But icy, cunning,
Made for success. Salute him, keep him in the running.

SECOND FOP
Such *pretty* ribbons! What colours are they, m'lud?
Kiss-me-my precious or possibly *Doe's-fud*?

DE GUICHE
The colour is *Sick Spaniard*.

FIRST FOP
Well, that colour
Certainly meets the case, for soon your valour
Will make the Spaniards sick in Flanders!

DE GUICHE
Let's mount
The stage. Come friends.
Come Valvert!

CHRISTIAN
The viscount!
Ah'll send ma glove acroass his face!...

THE USHERETTE
Oh, sir,
Ah dinnae wahnt tae be an interrupter,
But there's sumhm Ah could tell ye if ye...

CHRISTIAN
If whit? Whit is it?

THE USHERETTE
Ye widnae like tae see
Whit's oan ma tray furst, ye could buy an ice,
Vanilla tub mibbe? Belgian chocolates? A nice
Toffee-aipple tae keep ye goin? A beer?...

CHRISTIAN
Ah don't wahnt anyhin!

THE USHERETTE
But ye wahnt tae hear

What Ah know – ?

CHRISTIAN

Oh, all right, gie me a beer!

Ye'd better hiv a story, and no be a leear!

THE USHERETTE

Lignière,

Who jist left ye, is oan his derrière.

He wrote a sang Mr Big disnae care for,

And there's gonnae be a hunner men...

CHRISTIAN

Where? For

Whose orders?

THE USHERETTE

Cannae say...

CHRISTIAN

Come oan!

THE USHERETTE

Won't tell!

CHRISTIAN

Bliddy ambush, *where*?

THE USHERETTE

At the Porte de Nesle.

It's oan his wey. Gie him the nod.

CHRISTIAN

But how?

THE USHERETTE

Roon the pubs: the Golden Grape, the Plough,

The Bursting Belt, the Double Torch, the Pine Cone,

The Three Funnels (therr's a home from home!);

Scribble a note fur him: tell him the plan.

CHRISTIAN

Ah will too! Set a bams! A hunner tae wan!

– Tae leave her!...

And him!... But Ah've gote tae save

Lignière!...

THE CROWD

Why are we waiting?

A BOURGEOIS

Ma wig!

MERRY SHOUTS

                                                    Shave
    Auld baldy-bane! Go it, boays! Haha!

A BOURGEOIS

                                                    Skivers!

LAUGHS AND SHOUTS
    Ha! ha! ha! ha!

LE BRET / CARBON
                    Why the sudden silence?
    – Oh?

A SPECTATOR
            Fae the horse's mooth, aye, safe as soacks.

MURMURS
    Sh! – Is that a fact? – Naw! – Aye! – In the boax
    Wi the grill. – The Cairdinal? – Aye, the Cairdinal!

A PAGE
    Aw, that pits the hems oan oor faldelal!

THE VOICE OF A FOP
    Put out that candle!

ANOTHER FOP
                    A chair!

A SPECTATOR
                            Quiet noo!

LE BRET / CARBON
    Montfleury, is he first?

RAGUENEAU
                            Aye, he'll be through...

LE BRET / CARBON
    Nae Cyrano but.

RAGUENEAU
                    So Ah've loast ma bet?

LE BRET / CARBON
    Can't be bad!

THE CROWD
                Montfleury! Bravo! Great!

MONTFLEURY (*the actor, very fat, begins to speak his part*)
    Happy is he who leaves the courts behind,
    In solitude communing with the wind,
    And who, when Zephyr breathes about the woods...

A VOICE

Eejit, Ah gave ye wan month aff the boards!

VARIOUS VOICES

Oh! – What? – Who?...

CUIGY

It's –

LE BRET / CARBON

Cyrano!

THE VOICE

Good grief,

Get doon, ya clown ye!

THE WHOLE AUDIENCE

Oh!

MONTFLEURY

But...

THE VOICE

Ur ye deef?

VARIOUS VOICES

Sh! – Stuff it! – Go on Montfleury! – Dinna mind!

MONTFLEURY

Happy is he who leaves the courts behind...

THE VOICE

Well, king a the bampots, ur ye fain
Fur ma shillelagh on yer shouther-bane?

MONTFLEURY

Happy is he...

THE VOICE

Oot!

MONTFLEURY

Happy is he who...

CYRANO

Ma birse is up!...

❧ Scene 4

MONTFLEURY

Help me, protect me – you –

Gentlemen! –

A FOP

Carry on then!

CYRANO

You, ya tube,
Ah'll skelp yer lugs if ye do, ya fat jujube!

THE FOP

That's enough!

CYRANO

You, sit doon therr in yer seats,
D'ye wahnt ma stick tae skliff yer ribbons and pleats?

ALL THE FOPS

This is too *much*!... Montfleury...

CYRANO

Montfleury
Will scarper, or get a lug-cut or a hara-kiri!

THE VOICE

But...

CYRANO

He will go!

ANOTHER VOICE

Still...

CYRANO

No away yet?
Right, Ah'll take the stage and dish him, get
That thick Bologna sausage in the slicerama!

MONTFLEURY

Sir, if you insult me, you insult Drama!

CYRANO

You and the Muse are total strangers, but
If you did happen tae meet, she'd stoap yer strut.
She'd scunner, fatso, at yer wobblin fruit,
And kick yer backside wi her classic boot!

THE CROWD

Montfleury! – Monfleury! – Baro's play! –

CYRANO

Keep this up, and ma scabbard'll go grey
Wi fricht and soon disgorge its slinky blade!

THE CROWD

Watch it, folk!...

CYRANO

Get aff!

THE CROWD

Oh!

CYRANO

Somebdy sayed – ?

A VOICE

Monsieur de Cyrano
Thinks he owns the place.
But Cyrano must go.
We come here to see plays.

THE WHOLE AUDIENCE

See plays! See plays! See plays!

CYRANO

Wan more wurd of that song, and yese'll bleed,
Ah'll flatten ye!

THE BOURGEOIS

No likely. Samson's deid.

CYRANO

Zat so? Jist sees a grup o yer jaw-bane!

A LADY

Unbelievable!

A NOBLEMAN

Scandalous!

A BOURGEOIS

Doon the drain!

A PAGE

What fun!

THE CROWD

Kss! – Monfleury! – Bergerac!

CYRANO

Silence!

THE CROWD

Hee-haw! – Baa! – Cock-a-doodle-do! – Quack!

CYRANO

Ah'll...

A PAGE

Miaow!

CYRANO

Will yese aw hod yer tongue! When, when?
Ah dare ye, each and ivry wan, c'moan then,

Mini-Rambos, Ah'll write yer names wi a pen.
Naebdy? Get in line, Ah'll gie ye nummers!
Who wahnts tae lead the queue – who's the heid bummers?
You, sir? No? You? No? Ur ye no excited?
Honour the first duellist tae be expedited!
Aw the *morituri*, hod up yer hons!
Too moadest fur the naked blade, eh? Pawns!
No a name? No a finger? The offer stons.
— But Ah'll get oan. Ah wahnt tae see the theatre
Cured of this boil – Ah'll lance it – in the theatre!

MONTFLEURY
   I...

CYRANO
      I shall clap ma hons three times, moon-man!
   You'll be eclipsed the third time roon.

THE CROWD
                              Ah?...

CYRANO
                                 Wan!

MONTFLEURY
   I...

A VOICE
   Stay!

THE CROWD
      He'll stay... he won't...

MONTFLEURY
                        But you see,
   My friends...

CYRANO
         Two!

MONTFLEURY
            Couldn't we agree...

CYRANO
                           Three!

THE CROWD
   Boo! – Boo! – Coward! – Come back!...

CYRANO
                              Jist let him dare!

A BOURGEOIS
   Here's the actors' spokesman...

THE BOXES

                          Bellerose! Where? There!

BELLEROSE

  Noble lords...

THE CROWD

           Naw, naw! Jodelet!

JODELET

                      Gang of dumbos!

THE CROWD

  Ah! – Ah! – Bravo! – Great! – Bravo!

JODELET

                        Nae bravos!

The ton of tragic flesh we love tae watch
Has been taken...

THE CROWD

           A fearty!

JODELET

          Had to go!

THE CROWD

                Snatch

Him back!

SOME VOICES

       No!

OTHER VOICES

       Yes!

A YOUNG MAN

         But tell me truly, sir,
Why do you hate Montfleury?

CYRANO

                 The double answer,
My dear young silly fella, is argument-proof.
First, he's a hopeless ham, raises the roof
And humphs his verses with a porter's sweat
When they should glide and soar! – *Second*, let
That be ma secret...

THE BOURGEOIS

             But you're depriving us
Of Baro's play! I must...

CYRANO

           Old blunderbuss,

Baro's verse is rated worse than zero,
It's made for interruption!

THE LADY INTELLECTUALS

                              Oh! – Our Baro!
My dear! – Surely he... Heavens!

CYRANO

                              Ladies, fair ones,
Flourish, be radiant, be the cup-bearers
Of our dreams, heal death with a smile, inspire us
To poetry – but leave critics their virus!

BELLEROSE

But will they get their money back?

CYRANO

                              Bellerose,
That's the first bit of sense tae be disclosed!
Naebdy wahnts tae bankrupt stage and glamour.
Here, catch this flying purse and stoap the clamour!

THE CROWD

Ah!... Oh!...

JODELET

                    At this rate, sir, Ah'll gie ye leave
Tae take aff *La Clorise* wi nae reprieve!

THE CROWD

Boo!... Boo!...

JODELET

                    – Even if we are booed aff thegither!

BELLEROSE

We'll hiv tae clear the hall!...

JODELET

                              Oot! Dinnae dither!...

LE BRET / CARBON

This is crazy!...

A TROUBLEMAKER

                    A star like Montfleury? A scandal!
And him protected by the Duke de Candale!
Hiv you a patron?

CYRANO

                    Naw!

THE TROUBLEMAKER
                              No one?
CYRANO
                                        Naw!
THE TROUBLEMAKER
    Ye mean ye've no gote a protector at aw?
CYRANO
    That's twice Ah've tellt ye, dae ye need wan mair?
    Nae blade but *this* – it's mine, and it's ay there!
THE TROUBLEMAKER
    Ah doot ye'll shoot the craw?
CYRANO
                                        Comme ci comme ça.
THE TROUBLEMAKER
    The Duke de Candale's erm's a lang wan, hah?
CYRANO
    No as lang as mine, wi this extension!
THE TROUBLEMAKER
    Don't tell me you would dare...
CYRANO
                                        By intention!
THE TROUBLEMAKER
    But...
CYRANO
        Fuck off, will ye?
THE TROUBLEMAKER
                              But...
CYRANO
                                    Get!
    – It's ma nose that interests ye, Ah bet?
THE TROUBLEMAKER
    I...
CYRANO
        Does it surprise ye?
THE TROUBLEMAKER
                              Your Grace is wrang...
CYRANO
    Like an elephant's trunk, soople and lang?

THE TROUBLEMAKER
  I never...
CYRANO
            Or crookit like the beak of a hoolet?
THE TROUBLEMAKER
  I...
CYRANO
      Is there a wart coming through like a bullet?
THE TROUBLEMAKER
  But...
CYRANO
            Or a fly takin a slow dauner there?
  Nuthin weirder, eh?
THE TROUBLEMAKER
                      Oh!...
CYRANO
                        Or phenomenaller?
THE TROUBLEMAKER
  Ma lord, Ah've tried hard no tae look, Ah guess!
CYRANO
  And why, Ah wunner, aw this bashfulness?
THE TROUBLEMAKER
  Ah wis...
CYRANO
        Ye fun it scunnersome?
THE TROUBLEMAKER
                        Sir...
CYRANO
                              Manky,
  Perhaps; aff-colour?
THE TROUBLEMAKER
                  Oh sir!
CYRANO
                        Shaped fur hanky-panky?
THE TROUBLEMAKER
  Naw, naw!...
CYRANO
        Why then look doon yer nose at ma nose?
  Ye fin it jist a bit too big and gross?

THE TROUBLEMAKER

Aw naw, it's very small, it's wee, it's toty!

CYRANO

Whit! Caw ma nose wee? Dae ye wahnt a photy?

Small? Ye kin ston there and –

THE TROUBLEMAKER

Ow!

CYRANO

It's huge, it's stunning!

Ya snubby-honkered bap-faced nyaff, this thing

Ah cairry is a thing Ah'm proud tae sing,

For a big nose is ay a sign o wan

That's kind and croose and guid tae ivrywan,

Witty and free, no yella – jist like me!

– What you, ya chancer, you could niver be!

Your donnert face (which ma hon's due tae meet

Above yer collar)...

THE TROUBLEMAKER

Ow!

CYRANO

...kin nae mair bleat

Of pride and glory, wit and poetry, of art,

Generosity, of *nose*, in short...

Than the face Ah'm bootin at the boattom o yer back!

THE TROUBLEMAKER

Help! Guards!

CYRANO

Let that be a lesson tae the pack

Of eejits that might fin ma mid-face coamic,

And should the joker be noble, he must stomach

Steel, no leather, as Ah loup the sterrs

And tickle him at wame and no at erse!

DE GUICHE

He goes too far, that one!

VALVERT

He's piss and wind.

DE GUICHE

Can no one shut him up?

VALVERT

        Ah can. He's grinned
Jist wance too often. Watch me bug him. Here –
Your nose is... hm... gey big, it's clear –

CYRANO

                             Quite clear.

VALVERT

  Ha!

CYRANO

    That all?

VALVERT

         But...

CYRANO

                  Yer *canto*'s no *bel*, young man!
Ye could have said – oh, lotsa things, a plan
For each, tae suit yer tone o voice, like so:
Thuggish: 'If Ah'd a nose like yours, Ah'd go
Straight to the surgery fur amputation!'
Freen-like: 'Dinnae dunk it in a cup, fashion
Yersel a Munich tankard for tae slurp fae.'
Descriptive: 'A rock? A peak? A cape? The survey
Shaws the cape's a haill peninsula!'
Pawky: 'If it's a boax and no a fistula,
Whit's in it, pens or pins or penny needles?'
Gracious: 'Ye're a right Saint Francis, ye wheedle
The burds o the air tae wrap their gentle tootsies
Roon yer perch and rest their weary Guccis!'
Truculent: 'Puff yer pipe until the smoke
Comes whummlin oot yer nose, and the big toke
Has awe yer neebors cryin "Lum's on fire!"'
Warning: 'Mind ye don't end up in the mire,
Wae aw that heid-weight draggin ye right doon!'
Saft-hertit: 'Whit if it fadit at high noon?
Make it a wee parasol tae keep the sun aff!'
Pedantic: 'Aristophanes' moon-calf,
Hippocamelelephantocamelou,
Has nae mair flesh and bane beneath his broo!'
Joco: 'That huge hook must be rerr; it scores
Fur hingin up yer hat when ye're indoors!'

Admiring: 'Logo fur Boady Shoap, better'n a rose!'
Bummin: 'Nae wind, O hypermacho nose,
Could gie ye snuffles but blasts fae Muckle Flugga!'
Dramatic: 'Bleeds a haill Rid Sea, the bugger!'
Lyrical: 'It's a conch fur Captain Hornblower!'
Naive: 'Is yer monument open fae nine tae four?'
Respeckfu: 'A badge? Yer Honour disnae need yin!
It's clear up-front that ye're a real high-heid-yin!'
Rustic: 'Fat's a dae wae noses? Na, na!
A muckle neep or a scrunty melon, hah?'
Military: 'Pynt yer supergun at the troops!'
Practical: 'Ye kin raffle it, cowp the coops,
Hit the jackpot, snaffle the dosh and away!'
Or lastly, parodying Pyramus in the play:
'See how this nose has blasted the harmony
Of its master's features! It blushes wretchedly!'
— That's a wee tait a what ye could've sayed
If ye'd had wit or kulchur; Ah'm afraid
Ye've nane. Yer wit wis ripped oot fae yer genes,
Yer kulchur, O maist deplorable of bein's,
Comprises five letters, D, U, M, B, O!
But even if ye'd hud the nous tae throw
Sic pure deid brilliant whigmaleeries oot
Intae this deid brilliant audience, Ah doot
Ye'd no could stammer the furst syllable
Before Ah'd shawn it tae be killable:
Thae juicy jests are mine, Ah love them, but
When ithers try tae mooth them, Ah cry, 'Cut!'

DE GUICHE
   Leave it, Valvert!

VALVERT
                    Whit? A jumped-up squire?
Sich arrogance! You... you... ye'd huv tae hire
Gloves, ribbons, tassels, braid, stoakins, the loat!

CYRANO
   Elegance is a morality, no a coat!
   Ah leave thae fripperies tae a fribble like you.
   Ah'm no fantoosh, but still Ah'm groomed right through.
   Ah widnae go ootdoors wi the carelesssness

Of a hauf-scrubbed reproach, a yella conscience
Wi gummy eyes hauf-opened in the moarnin,
Ma honour crumpled up, ma scruples in mournin.
So ivrything aboot me's spick and span,
Topped wi frankness, an independent man.
Ah cannae cut a dash like Valentino,
It's soul, no flash, Ah press oot fur its *vino*.
Ah pin oan deeds, no ribbons, tae ma doublet,
Ah wax ma wit, no ma moustache, tae unstubble it.
Ah pass through punters, chatterers, orators,
And shinin truths come ringin oot like spurs.

VALVERT

But, sir...

CYRANO

　　　　Nae gloves, eh? Whit a shame!
Ah hud wan wance – fae an auld perra thaim.
Ah fun it boathersome, until wan week
Ah flang it slap-bang acroass someone's cheek.

VALVERT

Coorse bruit! Keelie! Flat-fittit dog-the-school!

CYRANO

Pleased tae meet ye! – Cyrano-Hercule
De Bergerac, at yer service.

VALVERT

　　　　　　　Eejit!

CYRANO

　　　　　　　　　　Ah!!...

VALVERT

　　　　　　　　　　　　Whit?

CYRANO

It's gone tae sleep. Ah'll huv tae – Ah!! – move it.
– This is whit comes a inactivity...
Ah!!

VALVERT

　　Whit's wrang?

CYRANO

　　　　　　Ma sword's gote cramps. Pity!

VALVERT

Ah'm ready!

CYRANO

Ah'll jist gie ye a nice wee thrust.

VALVERT

Poet!

CYRANO

Aye sir, a poet, and Ah must
Prove ye the pynt. While Ah'm fencin – no bad! –
Ah'll improvise a – hup! – ball*ade.*

VALVERT

A ballade?

CYRANO

Ah take it ye can't *not* know whit ballades are?

VALVERT

But...

CYRANO

It isn't jist a silly fad, sir.
Three stanzas of eight lines...

VALVERT

Oh!

CYRANO

And wan of four.

VALVERT

You...

CYRANO

Baith ma sel and ma ballade tae fecht for,
And prick ye, sir, at the last line.

VALVERT

Naw!

CYRANO

Naw?

'*Ballade o the Duel between Cyrano
And a balloon, conduᷓit in the Toon Hoose.*'

VALVERT

Whit the hell's that?

CYRANO

It's the title, of coorse.

THE CROWD

Ston back! – This is great! – Make room! – Quiet therr!

CYRANO

Wait noo!... Ma rhymes are comin... Aye, all squerr.

I throw off my hat with a flourish,
I slowly undo and discard
My cloak that's so funky and furrish,
Unscabbard my glittering sword
With the elegance of a bard,
And nimbly I strut, I scud,
I warn you again you're ill-starred:
At the final refrain I draw blood.

You haven't a trickle of courage,
You're a chicken for basting with lard –
Can you feed my steel, can you nourish?
With a rib? With a ribboned heart?
My sword-guard rings out hard!
My point has never a dud!
It's your belly I want to see scarred:
At the final refrain I draw blood.

It's hellish this rhyming on *urrish*...
You fall back, you're white. On guard!
I've found it: you're cringing and currish.
Whoosh! I can parry! We've sparred
Quite enough, go on, play your card,
I can trump it, I know you're no stud!
It's kebab time now, nothing's barred!
At the final refrain I draw blood.

Now plead your last pardon, my lord!
I skirmish, I target the bud!
I feint, I slash –

          and you're marred.
At the final refrain I draw blood.
(Valvert's friends lift him and carry him off.)

THE CROWD

Ah!...

A CAVALRYMAN

A brammer!

A WOMAN

          Sweet!

RAGUENEAU

Phenomenal!

A FOP

Avant-garde!

LE BRET / CARBON

Crazy!

THE CROWD

Congratulations... bravo... hits hard...

A WOMAN'S VOICE

He's a hero!

A MUSKETEER

Sir, may Ah shake yer hon?
Thon wis terrific. Ah kin Judge. Right on!
Ah stampt ma feet, Ah widda basht a gong!

CYRANO

Who is that man?

CUIGY

That man is D'Artagnan!

LE BRET / CARBON

Let's talk a moment...

CYRANO

Wait till the mob's moved...

Kin Ah stay?

BELLEROSE

Of course!

JODELET

Montfleury's being booed!

BELLEROSE

Sic transit!...

– Sweep the flerr. Lock up. Leave
Caunles burnin. We'll eat and be back. We've
Gote tae start rehearsin the morra's farce.

THE DOORMAN

Ye're no fur denner?

CYRANO

Me? Naw!

LE BRET / CARBON

How no?

CYRANO

The arse

Is oota ma breeks!

LE BRET / CARBON

But that bag a dosh...

CYRANO

Wis aw Ah hud fur a month's claes and nosh!

LE BRET / CARBON

And the rest a the month?

CYRANO

Nut a penny tae show.

LE BRET / CARBON

Ye were daft tae throw the bag!

CYRANO

Whit a gesture though!

THE USHERETTE

Ahem!...

Sir, Ah cannae bear tae see ye sterve...
Ah've ivrything here... Look!...

CYRANO

Ah cannae swerve,
Ma dear, fae Gascon pride, and snatch the goodies
Ye hod oot, Ah'm no wanna thae foodies,
But no tae offend ye, ma lassie, Ah'll jist
Take a wee thing...

Nuthin really... a crisp...
That's fine... a gless a watter... naw, nae wine...
And hauf a doughnut...

LE BRET / CARBON

This is infantine!

THE USHERETTE

Oh, take something else!

CYRANO

Ah will. Yer hon tae kiss.

THE USHERETTE

Thank you, sir. – Goodnight.

❧ *Scene 5*

CYRANO

– So then, whit's amiss?

Ma denner!...

Drink!...

Dessert!...

Noo Ah'm keen.

Oh whit an appetite Ah've gote, ma freen!

– Ye were sayin?

LE BRET / CARBON

Thae rantin bully-boys

Ur nae good tae ye, if ye heed their noise.

Some wi mair sense will warn ye o the blowback

Ye're creatin fae yer cantrips.

CYRANO

Supersnack!

LE BRET / CARBON

The Cardinal...

CYRANO

He wis therr, wis he? Well...

LE BRET / CARBON

Must have fun it...

CYRANO

Highly original.

LE BRET / CARBON

Aye, but...

CYRANO

He's an author. It can't huv made him boke

Tae see anither's play suffer a stroke!

LE BRET / CARBON

Ye're makin faur too many enemies.

CYRANO

Hoo mony tonight wid become venomous?

LE BRET / CARBON

Forty-eight. No coontin wemen.

CYRANO

That's rerr!

LE BRET / CARBON

Montfleury, and the bourgeois, and Valvert,

De Guiche, Baro, the Academy...

CYRANO

That's great!

LE BRET / CARBON

But yer haill life-style's challengin fate!

      Whit's yer plan, yer aim?
CYRANO

                              Tae win oot a the maze!
      Ah wis fair loast in aw thae windin ways
      Until Ah chose...
LE BRET / CARBON
                              Whit?
CYRANO
                              Simplest thing available.
      Ah swore Ah'd dazzle them, sclim ivrything scalable!
LE BRET / CARBON
      So. Well. – But tell me why ye hate, jist hate
      Montfleury, really why!
CYRANO
                              An alky-in-state,
      So beer-guttit that his ain belly-button
      's hidden fae'm, thinks he's still a glutton
      Fur women, gies them sheep's-eyes fae his frog-eyes
      As he hams his part, and longs fur his choc-ice!
      Ah've hated him since wance Ah saw him cast
      A drooly glance at... Hiv ye iver sussed
      A flooer's hert wae a huge slug above?
LE BRET / CARBON
      But whit? Is it possible? Can ye be – ?
CYRANO

                                        In love?
      Aye.
LE BRET / CARBON
            And kin ye say – ye niver did let dab –
CYRANO
      Who? Who'd ye think? Think of hoo this neb,
      Which walks a quarter of an oor aheid,
      Renders ony hope a love stane-deid,
      Even fae an ill-faur'd wumman. Who *could* Ah desire
      But the bonniest lass, as the moth flies tae the fire?
LE BRET / CARBON
      The bonniest?...
CYRANO
                  Bonniest iver, onywhere!
      Maist stunnin, maist witty... and maist fair!

LE BRET / CARBON
> Fur Gode's sake, who?

CYRANO
> > A *femme fatale* withoot
> Tryin it, a beauty selfless tae the root,
> A trap that's set by nature, a musk-rose –
> Love lies in ambush as the petals close –
> Tae see her smile it's guid tae walk a mile,
> She creates grace in stillness, wi nae guile,
> Makes a simple gesture gie us the divine.
> Venus, ye can ride yer shell in the brine,
> Diana, ye kin skelp through green retreats,
> But she sedans it queenlier in Paris streets!

LE BRET / CARBON
> Wow! Ah know! It's clear!

CYRANO
> > It's clear as gless.

LE BRET / CARBON
> Yer cousin, Magdeleine Robin?

CYRANO
> > Roxane, nae less.

LE BRET / CARBON
> Well, but that's fine! Ye love her? Tell her!
> Yer grand exploits the-day will no repel her!

CYRANO
> Look at me, ma freen, whaur's the forbearance
> Wid circumvent this auld protuberance?
> Oh, Ah kin huv nae illusions. Christ though,
> The gloamin winkles oot some weel-faur'd show
> Of feelin, when Ah dauner by the trees
> And wi this Beelzebub o a nose release
> The *Quelques Fleurs* o April, and watch a perr
> Stravaigin in the muinlicht. Who'd no prefer
> Tae walk wi his ain love, spring or fall,
> Unner the muin? Ah dream a that scenario,
> Forget Ah'm no cut oot fur a Lothario –
> Then see ma shedda-profile oan the wall!

LE BRET / CARBON
> Ma freen!...

CYRANO

Ma freen, mony a *mauvais quart d'heure*
Ah've spent, ill faur'd, alane...

LE BRET / CARBON

And tears'll stir?...

CYRANO

Naw, niver that! Naw, naw, it wid be wrang
Tae greet, and weet this nose, this auld lang whang!
The heavenly beauty a tears will niver sink
Intae sic fleshy ruderie. Tae think
Is tae control. Ah wilnae greet. Look:
Naethin's sublimer than tears, in ma book,
And if wan single tear should get a jeer
Ah'd be the warst a men. So – nut a tear!

LE BRET / CARBON

Dinnae be doon-hertit! Love is luck and patter!

CYRANO

Get away! Can *this* Caesar match Cleopatra?
Can *this* Romeo make Juliet fidgin-fain?

LE BRET / CARBON

But ye're a dashin birkie with a brain!
Take thon wee girl that offered ye a meal –
Ye saw her eyes, they made a meal as weel!

CYRANO

That's true!

LE BRET / CARBON

Well then!... Even Roxane hersel
Turned pale as she watched yer duel...

CYRANO

Turned pale?

LE BRET / CARBON

Her hert and mind are yours – it's no a pose!
Talk tae her until she...

CYRANO

... laughs at ma nose?
Naw! – There's jist naethin could be mair unkinder!

THE DOORMAN

Sir, this lady wahnts tae...

CYRANO

Good Gode, her minder!

⁂ *Scene 6*

THE MINDER

  One must enquire if one's brave cousin's feet
  Take him where one may quietly meet –

CYRANO

                                      Meet?

THE MINDER

                                        Meet.

  One has some things to say.

CYRANO

                      Things?

THE MINDER

                      Things.

CYRANO

  My Gode!

THE MINDER

          One goes tomorrow when dawn flings
  Its roses, to hear Mass at Saint Roch...

CYRANO

                        My Gode!

THE MINDER

  After Mass, where might one talk, along that road?

CYRANO

  Where?... Ah dinnae... My Gode!...

THE MINDER

                      Think!

CYRANO

                      Ah'm thinkin...

THE MINDER

  Where?...

CYRANO

         At... at Ragueneau's... the baker...

THE MINDER

                      In...?

CYRANO

  In... in... Gode, Gode! – in Rue Saint-Honoré!...

THE MINDER

  One departs. Seven. Be there.

CYRANO

                    Aye, come whit may!

❧ *Scene 7*

CYRANO

Me!... Her!... A rendezvous!...

LE BRET / CARBON

                            Where's yer lang face?

CYRANO

She knows Ah exist! Ah'm gonny paint the place!

LE BRET / CARBON

Hey, calm doon, calm doon!

CYRANO

                      Naw, at this rate

Ah'm gonny fulminate, freneticate!

Ah need wan entire airmy tae molocate!

Ah've gote ten herts and twinty airms – too late

Fur dwarf-splittin, Ah need ...

                          ... Godzillas in...

A VOICE

Hey there! Shush! Quiet! We're rehearsin!

CYRANO

And we're leavin!

CUIGY

             Cyrano!

CYRANO

             Aye?

CUIGY

               A guy

Ye know, blootered!

CYRANO

Lignière!... Howzit gaun, hey?

CUIGY

He wahnts ye.

BRISSAILLE

             He cannae go hame.

CYRANO

                    How no?

LIGNIERE

This note... a warnin... a hunner on the go...

Thon sang Ah made... big danger... all in wait...

Porte de Nesle... Ah huv tae pass... that gate...

If Ah could jist go hame wae you...'d be great!

CYRANO

A hunner men? Ye'll sleep at hame! Ah say it!

LIGNIERE

But...

CYRANO

Take that lamp!

Walk! – Naw, nut the plank!

Ah proamise ye Ah'll cover yer stocious flank!...

– You, foallae at a distance, you're witnesses!

CUIGY

But a hunner men!...

CYRANO

The-night, Ah need nae less!

LE BRET / CARBON

But why protect...

CYRANO

Girnin roon the cloke!

LE BRET / CARBON

... this alky, this soak?

CYRANO

Because this soak,

This tun of muscat, this vodka-sozzled bloke

Done somethin wance that shaws the best a folk:

He saw his lady-love sip holy watter

At the font eftir Mass, envied the blatter

A the sweet draps, and like a fermer at a rowp

Ran and slurped dry that non-alcoholic stowp!

FIRST ACTRESS

That *was* nice!

CYRANO

Yes, wasn't it, ma dear?

FIRST ACTRESS

Why is that rabble hunting poets like deer?

CYRANO

Let's go!

Gentlemen, when ye see me charge,

Nae intervention! Danger and me are at large!

SECOND ACTRESS

Oh I must watch this!

CYRANO

C'moan!

THIRD ACTRESS

Coming, Cassandra?

CYRANO

Aye, come-all-ye! Isabel, the Doaĉtor, Leander –
Ivrywan! Yer lichtsome buzz and cherm can be
Commedia in this Spainish traigedy,
Sae rattle and shake yer bells like tambourines
And fling and jingle roon thae wechty scenes!

ALL THE WOMEN

Bravo! – See's a coat! – Ma heidscarf!

JODELET

Right!

CYRANO

Fiddlers, play us oot intae the night!
– Bravo! Officers... ladies (ye look stunnin!)...
And twinty paces in front...

me, ay shunnin
Help, unner the plume that glory hersel
Stitched tae ma hat, prood as Punch and – well
Three times nosier!... noo ye all unnerston:
Nae helpin me – Ah fecht wi ma ain hon!
– Ready? Wan, two, three! Doorman, open!
— Ah!... Paris, dark, dim, distant as an omen,
Muinlicht seepin doon blue roofs, a frame
Ower fine fur scenes that huv nae hamely name:
Doon therr, beneath the slanty mists, the Seine
Trummles like a keekin-gless, as fly as Zen...
– Whit ye see noo's no whit you'll see then!

ALL

Tae the Porte de Nesle!

CYRANO

Oan tae the Porte de Nesle!
– Ye neednae ask, ma dear, why that pell-mell
O thugs are oot tae get wan rhymer. They seen
That that wan rhymer is Cyrano's freen!

Act 2

The Poets' Patisserie, Paris.

❧ Scene 1

FIRST PASTRYCOOK
Nougat!
SECOND PASTRYCOOK
Flan!
THIRD PASTRYCOOK
Peacock!
OURTH ASTRYCOOK
Gâteau!
FIFTH PASTRYCOOK
Stew!
RAGUENEAU
Ma copper pots, dawn-silvered, gleamin new!
– C'moan, Ragueneau, gie yer auld Muse a by!
The lyre's fur later. Gie the furnace a try!
– You therr! streetch that sauce, it's a wheen shoart!
THE COOK
How shoart?
RAGUENEAU
Three feet.
THE COOK
Eh?
FIRST PASTRYCOOK
Pie!
SECOND PASTRYCOOK
Torte!
RAGUENEEAU
Leave me, ma Muse, in case yer charming eyes
Should go all bloodshot in thae pungent fires!
– Ye've made a balls a the crack in thae roon cobs:

Caesura hauf-wey, hemistichs equal, bob's
Yer uncle. – You, pit a roof on this crust-castle...
– And you, at that endless spit, a touch a class'll
Alternate cheapo chicks and burstin bubblyjocks,
Jist as, ma son, auld Malherbe amazed folks
Wae alternatin lang and shoart verse-lines.
Turn yer roast stanzas in sic skeely designs!

APPRENTICE

Ah've baked this in yer honour, sir – weel-fired!
Ah hope ye like it, sir!

RAGUENEAU

                  Oh, it's a lyre!

APPRENTICE

Best dough, sir.

RAGUENEAU

              And is that crystallized fruit?

APPRENTICE

Aye, and the strings is pure sugar tae boot!

RAGUENEAU

Go drink ma health!
            – Oh fuck. Ma wife! Vamoose.
And hide that money!
           – It's nice?

LISE

                    Whit's the use?

RAGUENEAU

Ye've broat some paper bags?... Good. Thanks.
                           – Oh Gode,
Ma dearest books! Ma freens' verses! Rip an ode
Tae make a flan-bag! Whit sheer desecration!
Bacchantes tearin Orpheus tae crockanition!

LISE

Huv Ah no gote the right tae use the paper
Yer miserable scribblers leave tae pey fur
Whit ye gie them? Hobblin stanza-raiders!

RAGUENEAU

Ants shouldnae pit doon ma divine cicadas!

LISE

Ye niver cried me *ant* or *Bacchant* before!

on,

on?

at!

CYRANO

Whi

RAGUENEAU

CYRANO

RAGUENEAU
I admired...

CYRANO

Wh

RAGUENEAU

CYRANO

RAGUENEAU
At Burgundy Ho

CYRANO

RAGUENEAU
The duel in verse

LISE

CYRANO
Well, that's fine!

RAGUENEAU
                    'A
'At the final refrain
'At the final refrain

CYRANO

RAGUENEAU
Five past six... '...I

LISE
Whit's wrang wi yer

CYRANO

RAGUENEAU
　Ye've been in danger?

CYRANO
　　　　　　　　Naw, naw, nut a bit.

LISE
　That's no the truth!

CYRANO
　　　　　　　Why, did ma nose dae a flit?
　If so, it musta been a king-sized lie!
　– Ah'm waitin here fur someone. If Ah don't die
　Waitin, lea us alane.

RAGUENEAU
　　　　　　　Ah cannae, ma freen;
　Ma poets are comin...

LISE
　　　　　　　Fur the soup-tureen.

CYRANO
　Get rid a them wance Ah gie ye the sign.
　– Time noo?

RAGUENEAU
　　　　　Six ten.

CYRANO
　　　　　　A pen?

RAGUENEAU
　　　　　　　　Swan's quill, on the line.

A MUSKETEER *(enters)*
　Hullo therr!

CYRANO
　　　　　Who's this?

RAGUENEAU
　　　　　　　　Freen a ma wife's. Hard man
　He says...

CYRANO
　　　　　Well... Ah've gote tae write... a plan...
　Fold it... hon it ower... run...
　　　　　　　　　Ach, nae guid! Ah'm...
　Speak tae her? A single wurd? Naw...
　　　　　　　　　　The time?

RAGUENEAU
    Six fifteen.
CYRANO
                    ... a single wurd that's in here!
    Ah kin write but.
                    Noo the wurds'll appear,
    Ma ain love-letter that Ah've wrote and wrote
    A hunner times within ma mind, Ah know it,
    Ah've only gote tae corral, tae pen ma soul,
    Like Sidney, 'Look in thy heart, thou fool!'

☙ *Scene* 4

LISE
    Here's yer clairty poets!
FIRST POET
                    Colleague!
SECOND POET
                                    Dear colleague!
THIRD POET
    Eagle a pastrycooks!
                    Yer eyrie-smells intrigue!
FOURTH POET
    Rotisserie-Phoebus!
FIFTH POET
                    Kitchen-Apollo!
RAGUENEAU
    Ah thank ye. Ah'm moved. Ah kin haurdly swallow!
FIRST POET
    We were held up by a huge mob millin
    At the Porte de Nesle!...
SECOND POET
                    There had been a killin:
    Eight brigands lay sliced open on the road!
CYRANO
    Eight?... Ah'd a sayed seeven.
RAGUENEAU
                    Ye know, by Gode,
    The hero a the fecht?

CYRANO
                    Me?... Naw!
LISE
                              Dae *ye*?
THE MUSKETEER
                                   Perhaps!
CYRANO
  '*Ah love ye...*'
FIRST POET
            They tellt us it's wan man that slaps
  The haill banditti tae freuchie!...
SECOND POET
                              Kin ye fantasize –
  Pikes and shillelaghs littered the grun!...
CYRANO
                                   '*...yer eyes...*'

THIRD POET
  Hats gaed rollin doon tae the wharves and ships!
FIRST POET
  Nae messin wi thon guy, tell ye!...
CYRANO
                              '*...yer lips...*'
FIRST POET
  ... Some kinna big Rambo, tae cause sic a steir!
CYRANO
  '*...Ah faint fur fear whenever you are near...*'
SECOND POET
  Whit's new in rhyming, Ragueneau?
CYRANO
                              '*...ever fond...*'
  – Nae need tae sign. Ah'll gie it in her hon.
RAGUENEAU
  Ah've versified a recipe.
THIRD POET
                    Is it a sonnet?
FOURTH POET
  Ah think Ah'll straighten this brioche's bunnet.
FIRST POET
  These gingerbrieds is stervin poets' hures,
  Wae aumond eyes and angelica eyebroos!

SECOND POET
  We're listenin.

THIRD POET
                This cream puff's laughin fit tae burst.

SECOND POET
  A lyre that feeds the poet – that's the furst!

RAGUENEAU
  A recipe in verse...

SECOND POET
                Breakfast, eh?

FIRST POET
                              And dinner!

RAGUENEAU
  'Hoo tae make the aumond tertlet a winner.'

    Take some eggs and whisk them well,
        Tae froth and mell;
    Wance it's foamy, tip in neat
    A spurt a yer best citron juice;
        Then a sluice
    A milky aumond pashed and sweet;

    Noo ye must line yer tertlet moulds
        Wi pastry folds,
    And make sure it's richt pastry dough;
    Take yer pinkie and apricotize
        Thae moniplies;
    Then drap by draplet, nice and slow,

    Pour yer mix intae the cells,
        The cells theirsels
    Intae the oven, till oot they trot
    In a happy honey-gold brigade,
        And ye've made
    Aumond tertlets, light and hot!

THE POETS
  Marvellous! Super!

A POET
                Hmfm!

CYRANO
                Kin ye see them?

They grunt and guzzle as they listen!

RAGUENEAU

                            Lea them!...

Ah take nae notice, they'd jist be embarrassed.
Ah like recitin ma ain verse, unharassed;
Nice tae indulge ma wee hermless foible
And gie these garret-stervers the odd nibble!

CYRANO

Ah like ye, Ragueneau!
                 Hey, Lise, is

That captain besiegin ye?

LISE

                 Any threatened kiss

Wid make me dae a Gorgon wi these eyes.

CYRANO

Mair like a come-on than a Gorg-on. Lies!

LISE

But...

CYRANO

       Ah like Ragueneau. And so, Missus, ye're
Out of order if he's ridicuckoldous. Ye hear?

LISE

But...

CYRANO

       A wurd tae the wise!

LISE *(to the musketeer)*

                 You fool, close

With him, challenge him... his nose...

THE MUSKETEER

                  Damn his nose!

CYRANO

Psst!

RAGUENEAU

       We're better ower there...

CYRANO

                 Pst! pst!

RAGUENEAU

                        ... tae read

Oor poems...

FIRST POET
> The cakes!

SECOND POET
> > Take them!

⁊ *Scene 5*

CYRANO
> > > Ah need
> Tae hug the note till Ah feel a wee tait hopeful –
> Then shaw it!...
> > > Come in!...
> > > > A wurd is lawful?...

THE MINDER
> Several.

CYRANO
> > Hiv ye a sweet tooth?

THE MINDER
> > > > To drive me mad.

CYRANO
> Good. Here's two sonnets then by Benserade...

THE MINDER
> Euch!...

CYRANO
> > ...which Ah'll fill up wae custard tarts.

THE MINDER
> > > > > Ah!

CYRANO
> And dae cream puffs come under yer agenda?

THE MINDER
> The puff comes high in favour, if it has cream.

CYRANO
> Here's six a thaim; Ah'll slip them intae a dream
> Of a poem by Saint-Amant! Chapelain tae
> Kin wrap his verse roon some *petits fours*. Dae
> Fresh gâteau and cheesecake please ye?...

THE MINDER
> > > > Crazy.

CYRANO
> Noo make a beast a yersel ootside, Daisy.

THE MINDER
    But...
CYRANO
        Don't come back till the last crumb's gone doon!

❧ *Scene 6*

CYRANO
    This day must be the best of all days. Soon
    Ye'll tell me... tell me... why we hud tae meet –
    Why ye acknowledged Ah wisnae aff the street!...
ROXANE
    But first Ah wahnt tae thank ye fur yesterday,
    The wey yer sword checkmated that popinjay,
    The wan a certain Count... fur his aims...
CYRANO
                                De Guiche?

ROXANE
    ... aims wahntit me tae merry...
CYRANO
                            A pastiche,
    A blind? Ah'm gled tae know Ah drew ma blade
    Fur your good eyes, no ma bad nose. Weel played.
ROXANE
    But then... Ah wahntit... But whit Ah huv tae confess...
    Ye mind the time when we were weans – the gress –
    The park – the wee loch where we used to play –
CYRANO
    Aye... Bergerac wis yer summer hoaliday! –
ROXANE
    Ye cut stiff reeds fur yer first swords, nae twigs! –
CYRANO
    And corn cobs gave yer dollies their blond wigs!
ROXANE
    It wis the time fur games...
CYRANO
                        Brambles – wild, tart!
ROXANE
    Ye did whit Ah wahntit – that wis my art!

CYRANO

    Ye were still Madeleine, in shoart skirts, then...

ROXANE

    Wis Ah pretty?

CYRANO

               Ye were no ugly, hen!

ROXANE

    Sometimes ye came runnin tae me, wi yer hon
    Bleedin fae some tree-climb, and Ah pit on
    The angry mither, makin ma voice stern:
    'Whit's aw these scratches? – kin ye no learn?'
    – Oh! Wid ye look at... Naw, shaw me noo...
    Is that no terrible, at your age? Hoo
    Did ye...?

CYRANO

            Playin, at the Porte de Nesle.

ROXANE

    Gie me yer hon!

CYRANO

             Still ma nice mither? Well!

ROXANE

    Let me dicht ye. Oh the bluid! Ah wunner
    Hoo mony sprung ye?

CYRANO

               Oh, nut quite a hunner.

ROXANE

    Tell me!

CYRANO

        Naw. Forget it. *You* tell *me*
    Whit ye wahntit tae say...

ROXANE

             Aye, Ah feel free,
    Noo that the past has gien me a whiff of
    Resolution. It's someone. Ah'm in love.

CYRANO

    Ah!...

ROXANE

        Someone who disnae know.

CYRANO

                          Ah!...

ROXANE

                             No yet.

CYRANO

   Ah!...

ROXANE

      But he will know soon, fur aw that.

CYRANO

   Ah!...

ROXANE

      An awfy blate laddie, too shy
Tae say he wis in love wi me...

CYRANO

                     Ah!...

ROXANE

Let me keep yer hon, it's hoat and feverish...
– But Ah've seen his lips trimmlin a love-wish.

CYRANO

   Ah!...

ROXANE

      And jist think, cousin, wid ye believe,
He's in your regiment, a sojer on leave!

CYRANO

   Ah!...

ROXANE

      Aye, in your company. He's a Cadet!

CYRANO

   Ah!...

ROXANE

      His face is mensefu, he's intelligent,
He's noble, young, prood, a lovely birkie!

CYRANO

                            Lovely?

ROXANE

Whit's wrang?

CYRANO

      Oh, it's... ma hon... Ah rubbed it roughly.

ROXANE

Anyhow, Ah love him. And it couldnae be greater
Even though Ah've only seen him in the theayter...

CYRANO

Ye mean ye've niver talked?...

ROXANE

Jist with oor eyes.

CYRANO

But whit makes ye so sure?

ROXANE

Oh Ah huv spies,
In the Place Royale, under the limes, whisperin,
Gossippin...

CYRANO

A Cadet?

ROXANE

He's a Gairdsman.

CYRANO

His name?

ROXANE

Baron Christian de Neuvillette.

CYRANO

Whit?
He's no in the Cadets.

ROXANE

Aye, he's made it.
Under Le Bret-Carbon-Castel-Jaloux.

CYRANO

Sae quick, ma dear, sae quick it's pierced me through!

THE MINDER

I have finished the cakes, Monsieur de Bergerac!

CYRANO

Well, read the bags, there's poetry on the back!
– Ma dear lassie, ye like fine wit, fine wurds –
Whit if he's a dumpling and thinks backwards?

ROXANE

Naw naw, he's gote the herr o a right hero!

CYRANO

Whit if his witty badinage wiz zero?

ROXANE
  Naw, Ah'm shair his language is divine!
CYRANO
  Aye, he's gote the 'tache fur it, it's fine! –
  But if he's thick?...
ROXANE
                              Ah'll dee then, will that dae?
CYRANO
  Ye brote me here tae tell me this? Ah'd say
  It's still no clear whit Ah kin dae fur ye.
ROXANE
  Ah, someone yesterday sayed yer company
  Wis aw Gascons, and this made me shiver
  Tae think hoo...
CYRANO
                          ... hoo we make rookies quiver
  If they're no Gascons? Needle them to fight
  Duels till they've proved theirsels all right,
  Is that whit ye were tellt?
ROXANE
                              Oh, Ah wis feart
  Fur him!
CYRANO (aside)
            Nut withoot reason!
ROXANE
                              But ma speerit
  Jumped when Ah remembered hoo yesterday
  Ye were sae big and brangly, hud yer way
  Wi the villain, the bruits... Ah thote ye might...
CYRANO
  Aye, aye. Ah'll gaird yer baron safe and tight.
ROXANE
  Oh, Ah jist knew ye'd be his true defender!
  Ma feelins fur ye huv been ay sae tender!
CYRANO
  Aye, aye...
ROXANE
          Ye'll be his freen?

CYRANO

　　　　　　　　　　　Ah kin weer it.

ROXANE

　Nae duels then fur him, ever?

CYRANO

　　　　　　　　　　　Ah sweer it.

ROXANE

　Oh ye're great – Ah'm proud of ye – Ah must go –
　But ye niver tellt me aboot that terrific show
　Last night – it's so incredible! – Ah must fly...
　– Get him tae write tae me.

　　　　　　　　　　　– Oh, Ah love ye!

CYRANO

　　　　　　　　　　　　　　　Aye, aye.

ROXANE

　A hunner men agin ye? 'Bye, then. – But we're
　Guid freens!

CYRANO

　　　　　　Aye, aye.

ROXANE

　　　　　　　　He must write! – A hunner! –
　Ye'll tell me the story sometime. Ah cannae stay.
　A hunner men! Ye're so macho!

CYRANO

　　　　　　　　Oh, any day!

⁊ *Scene* 7

RAGUENEAU

　Kin we come in?

CYRANO

　　　　Sure.

LE BRET / CARBON DE CASTEL-JALOUX

　　　　There he is!

CYRANO

　　　　　　　　　Captain!...

LE BRET / CARBON

　Oor hero! Ah've gote five Cadets, rapt in
　Admiration fur yer exploit!...

CYRANO

But...

LE BRET / CARBON

Oot therr!...

CYRANO

Naw!

LE BRET / CARBON

They're in the pub, the Cross and Squerr.

CYRANO

Ah cannae...

LE BRET / CARBON

Oor hero's no comin. He's a berr!

A VOICE

Gawdsgawb!

LE BRET / CARBON

Here they come, whit a right terr!...

THE CADETS

Gawdsagawds!–Gawdstoptop!–Gawdsdeddo!–Gawdspapawl!

RAGUENEAU

Gentlemen, ye must be fae Gascony!

THE CADETS

All!

FIRST CADET

Bravo!

CYRANO

Baron.

SECOND CADET

Long life!

CYRANO

Baron.

THIRD CADET

An embrace!

CYRANO

Baron.

SEVERAL CADETS

Let's all embrace him!

CYRANO

Gentlemen... please...

RAGUENEAU

Ur ye all barons, gents?

THE CADETS

All?

RAGUENEAU

Aye, all.

FIRST CADET

Oor coronets could fill a city hall!

LE BRET / CARBON

They're lookin fur ye! A mad crowd, cheerin
Thaim that foallied ye yesterday evenin...

CYRANO

Ye didnae tell them Ah wis here?

LE BRET / CARBON

Oh aye!

A BOURGEOIS

Sir, the best of Paris is in full cry!

LE BRET / CARBON

Roxane?...

CYRANO

Quiet!

THE CROWD

Cy-ra-no!!

RAGUENEAU

An invasion!
They're smashin up ma shoap! Oh whit elation!

PEOPLE

Ma freen... ma freen...

CYRANO

Aye, plenty o ye here,
Nane yesterday!

LE BRET / CARBON

Success!

A YOUNG FOP

If you knew, my dear...

CYRANO

My dear? Since when hud we oor intimacy?

ANOTHER FOP

I'd like to introduce you, sir, to two-three
Ladies, in my carrriage...

CYRANO

         And by whit right?

Who are *you*?

LE BRET / CARBON

       Whit's wrang wi ye?

CYRANO

            Quiet!

A MAN OF LETTERS

Could I check a few facts?...

CYRANO

       Naw.

LE BRET / CARBON

        That's Murdoch,

Inventor a the newspaper.

CYRANO

       Murdoch Shturdoch!

LE BRET / CARBON

It's pang-fu wi things ye didnae know.
Some say it's here tae stey and faur tae go.

A POET

Oh sir!

CYRANO

    Anither!

THE POET

     I'm at an acrostopastiche

Of your name!

A MAN

    Sir!...

CYRANO

      Stick it!

CUIGY

        Monsieur de Guiche!

– Speaking on the part of Marshal de Gassion.

DE GUICHE

– Who has expressed in no uncertain fashion
His admiration for your recent exploit.

THE CROWD

Bravo!...

CYRANO

> The marshal, in thae maitters, is an expert.

DE GUICHE

He would have found the claims hard to assize
If all these gentlemen had not...

CUIGY

> > Wi oor ain eyes!

LE BRET / CARBON

Ye ought tae...

CYRANO

> Quiet!

LE BRET / CARBON

> > Ye're in pain?

CYRANO

> > > In public?

Me in pain?... You'll see!

DE GUICHE

> > Your praises rub like
Aladdin's lamp! – I'm told you get a buzz
From the mad Gascons?

CYRANO

> > Cadets, aye.

A CADET

> > > Wanny uz!

DE GUICHE

Ah! Yes... These hawk-eyed chaps, I'd say,
Must be the famous...

LE BRET / CARBON

> > Cyrano!

CYRANO

> > Le Bret!

LE BRET / CARBON

Seein ma company's present and correǎ,
Present us tae the Count, wi aw respeǎ.

CYRANO

I present you the Gascon cadets,
Captained by Castel-Jaloux;
Bangsters, fibbers with no regrets,
These are the Gascon cadets!
All blazons and badges and bets,

Pettier punters they boo.
These are the Gascon cadets,
Captained by Castel-Jaloux:

Eagle's eye, stork's leg, cat's
Whiskers, wolf's teeth, they shoo
The rabble, the girners, the getts.
Eagle's eye, stork's leg, cat's
Whiskers, they flaunt felt hats
With plumes over holes, it's true!
Eagle's eye, stork's leg, cat's
Whiskers, wolf's teeth, they'll do!

Paunch-Puncturers, Bonce-Jets
Are nicknames they love through and through;
They're glory-insatiates!
Paunch-Puncturers, Bonce-Jets,
Where people are battered to bits
They make their rendezvous.
Paunch-puncturers, Bonce-Jets
Are nicknames they love through and through!

Here are the Gascon cadets
To make green-eyed ado!
Adorable sluts and slutettes,
Here are the Gascon cadets!
Let old husbands frown at the gates:
Play, bugle! Sing out, cuckoo!
Here are the Gascon cadets
To make much green-eyed ado!

DE GUICHE

A poet these days is an ornament.
Would you join my service?

CYRANO

                                    It's weel-meant,

But naw.

DE GUICHE

            Uncle Richelieu thought you had great dash.
I could put in a word for you...

LE BRET / CARBON

                                    Whit a splash!

DE GUICHE

I understand you have a five-act play?

LE BRET / CARBON

The Death of Agrippina's on the way!

DE GUICHE

Show him it.

CYRANO

Well, mibbe...

DE GUICHE

He has a range

Of expertise. A verse or two he'd change...

CYRANO

Naw, that's no on. It makes me burst ma tank
Tae see wan comma drappin doon the stank.

DE GUICHE

But if he likes your verse, let me remind you,
He pays it well.

CYRANO

Naw, pit that behind you.

If *Ah* like whit Ah've written, ma reward
Is tae recite it, unpaid, wurd by wurd.

DE GUICHE

Your are proud.

CYRANO

Ye've noticed? Ye're comin on.

A CADET (*enters with a collection of hats spitted on his sword*)

Cyrano! See whit we bagged! This carrion
O feathers, doon at the quay, the waur o the baur,
The pair runaways' hats!

LE BRET / CARBON

Spoils of war!

EVERYONE

Ha! ha! ha!

CUIGY

The man that hired these scarecrows
Must be fair beelin...

BRISSAILLE

Who was it?

DE GUICHE

                     I did. I chose
Others to do a job my rank could not:
Chastise a wretched rhymesterizing sot!

THE CADET

Whit'll we dae wi these – a greasy ragoût?

CYRANO

Sir, yer freens might like these back, zat true?

DE GUICHE

My sedan chair at once! Porters! About
Enough. You, sir!...

A VOICE

               Porters of my lord the Count
De Guiche!

DE GUICHE

          Have you read *Don Quixote*?

CYRANO

                       Aye, sir.
Ah take ma hat aff tae that zany customer.

DE GUICHE

Think about it...

A PORTER

          Sirs, the chaise is ready.

DE GUICHE

Chapter on windmills!

CYRANO

          Chapter Thirteen. Heady!

DE GUICHE

If you attack them, it can be dangerous...

CYRANO

Ye mean Ah attack chancers, chanty-wrasslers?

DE GUICHE

I mean that one twist of those sails and spars
Can hurl you to the mud!

CYRANO

          Or tae the stars!

❧ *Scene 8*

CYRANO

    Gentlemen... Gentlemen...

LE BRET / CARBON

                        Right pickle ye're in noo!

CYRANO

    Oh shut it! Greetin-face!

LE BRET / CARBON

                  Admit it, you

    Huv a genius fur killin chances stane-deid,

    Ye're ay sae thrawn!

CYRANO

               Ah'm ay sae thrawn indeed!

LE BRET / CARBON

    Ye see!

CYRANO

       But if a principle's at stake,

    Ah like ay bein thrawn, fur example's sake.

LE BRET / CARBON

    If ye jist saftened yer musketeerish way,

    Glory and fortune wid...

CYRANO

              Whit wid ye huv me dae?

    Suss oot some high-born heavy, take a patron,

    Cling like an ivy tae some bigwig, slaisterin

    His gummmy trunk wi pyson, climb the rungs

    No through ma strength but wi the whisperin tongues?

    Naw thanks. Dedicate poems, as some dae,

    Tae money-men? Pit oan the motley, and play

    Before some minister tae get a smile

    Fae his thin lips and no a loada bile?

    Naw thanks. Eat toad insteeda halesome porridge?

    Weer oot ma wame wae crawlin? Fudge and forage

    For favours on a hackit glaury knee-cap?

    Bend backwards tae Ah need a spinal tap?

    Naw thanks. Try bein a right sleekit chap,

    Run wi the hounds, run wi the hare, same lap?

    Gie a senna-pod tae get some rhubarb,

    Daein yer broon-nose at a weel-kent scutard?

Naw thanks! Loup oan fae bed tae bed, a
Wee big guy fur the hostess and the widda,
A seafarer wi madrigals fur rowlocks
And auld wives' sighs tae fan his weary bollocks?
Naw thanks! Vanity publishin, nae boather at aw,
Pey ma verses intae print? Thanks, naw!
Sook up tae a pub clique, oh aye, nae hassle
Pley the right caird, be king a Eejit Castle?
Naw thanks! Beaver at makin masel a name
Wi wan single sonnet, when nae mair came?
Naw thanks! Gie a bampot a bursary?
Or stey frettin and girnin in the nursery,
Terrorized by mags and crits, feelin blue –
'Oh tae be in the good books o the *London Review*'?
Naw thanks! Make jourkerie-pokerie keep ye peaky,
Draft yer appeals, clever but never cheeky,
Coont doorsteps insteeda feet and stanzas?
Naw thanks! Naw thanks! Naw *thanks*! – But... sing romanzas,
Dream laugh, stravaig, alane and free by choice,
Huv eyes that don't miss much, a ringin voice,
Tilt ma hat sidieweys when Ah feel like it,
Fecht this or that – or let a poem strike it,
Wark withoot chasin eftir fame and glory,
Traivel tae the muin fur ma best story!
Write naethin that's no comin fae masel,
Keepin a moadest claim tae magic spell
Fae flooers and fruit and even leaves that grow
In ma ain gairden. Then, if fates allow
Some unlooked-for success, no in a tizz
Tae render unto Caesar whit's no his,
But gie masel the credit a the time,
And though Ah'm no great oak or birk or lime,
Ah'm no yer parasitic ivy-bine:
Ma tapmaist tuft's no mega, but it's mine!

LE BRET / CARBON

Yours alane, but no agin the grain!
Whit deil dibbled that mania in yer brain
Tae make new enemies aw ower the place?

CYRANO

Nae deil! Ah watched you ithers swall the race
O yer new freens, laughin ahint their backs
Wi mooths that emulated a hen's cacks!
Ah'd raither rarefy ma salutations
And cry wi greater joy, Enemy stations!

LE BRET / CARBON

Aberrations!

CYRANO

Okay then, it's a sin.
Tae displease pleases me. Hatred's in.
Dear man, if ye could guess the buzz Ah get
Fae the gunbursts a scowls and frowns – a doublet
Stained sae entertainingly wae boak
Fae an envier or some feartie's sploke!
– That saft freenship some folk wrap right roon them
's a floappy lacy Italian collar tae croon them
Wae loose effeminacy: they ston easy,
But at 'Tenshun!' they go distinctly queasy,
Fur necks that hae nae stiffenin, nae law,
Begin tae stoop an ivry sense. Me? Naw.
Hatred ay prinks oot and goffers the ruff
Whase starch makes sure ma heid's erect enough;
Ivry new enemy's a haurd new pleat
That's baith mair irritatin and mair neat:
For like a Spainish ruff that cleeks and stooks,
Hatred's a halo as weel as cruel jougs!

LE BRET / CARBON

Yer pride and bitterness peal oot above ye,
But unnerneath ye're sighin, she disnae love me!

CYRANO

Rubbish!

(Meantime Christian enters and sits down alone at a table)

❧ Scene 9

FIRST CADET

Hey, Cyrano!
Yer story?

CYRANO

Soon!

THE CADET

The story a the fecht will be a boon
Fur this *(indicates Christian)*
right ignorant rookie!

CHRISTIAN

Rookie?

SECOND CADET

Aye, you, ya teuchter, ya stookie!

CHRISTIAN

Stookie?

FIRST CADET

Monsieur de Neuvillette, ye must learn somethin:
There's wan thing here aboot which we say nuthin,
Like rope in a hanged man's hoose – cut, edit!

CHRISTIAN

Whit's that then?

SECOND CADET

Look here at me!
– Geddit?

CHRISTIAN

Ah! it's the...

THIRD CADET

Wheesht!... that wurd remains taboo!
– Or ye'll huv *him*, that wan, tae answer to!

FOURTH CADET

He jist exterminatit two prime snufflers
Fur talkin through their noses intae mufflers!

FIFTH CADET

Ye're shair tae be defunct, at an early age,
By corrieneuchin the fatal cartilage!

FIRST CADET

Wan wurd does it! Whit am Ah sayin? A mime!
Blaw intae yer hankie? – It's shroud time!

CHRISTIAN

Captain!

LE BRET / CARBON

Sir?

CHRISTIAN

           Whit dis wan dae, d'ye think,
When Lawlanders are insufferable?

LE BRET / CARBON

                     A stink,
Kick up a stink, shaw teuchers stieve.

CHRISTIAN

                        Thank ye.

FIRST CADET

Noo yer story!

ALL THE CADETS

       The story!

CYRANO

               Ma story? Let's see...
– Well. Ah walked oot alane tae where they waited.
The muin shone like a new watch, siller-plated,
When suddenly a careful clockmaker's hon
Began tae rub some padded night-clouds on
The siller case a that roon face until
A daurkist daurk hud nae mair licht tae kill.
Nae street-lamps, harbour bollards bleck as crows.
Gawdsgawb! Ye coudnae see beyond...

CHRISTIAN

                      ... yer nose...

CYRANO

Who is this fella?

A CADET

           It's a new recruit, sir,
Came this mornin.

CYRANO

         This mornin?

LE BRET / CARBON

                The rudester
Is Baron de Neuvil...

CYRANO

         What!...
           Ah'll...
            Very well...
As Ah wis sayin...

Gawdsgawb!...

Daurk as hell,

And Ah walked oan, fur the sake a this poor guy
Wae his heid fulla mince, riskin the angry eye
Of a Count who'd cast it in...

CHRISTIAN

... yer nose...

CYRANO

... ma teeth –

Bear me a grudge... Ah thought, unnerneath,
Ah wis stuffin...

CHRISTIAN

... yer nose...

CYRANO

ma finger in atween

The bark and the trunk – a sore wan – he's nae freen
Tae me – could rap me on...

CHRISTIAN

... the nose...

CYRANO

... the knuckles.

But then Ah sayed: Cyrano, can tae the huckles!
A man's gote tae dae...! A rose is a rose...!
And someone oot the sheddas lands me...

CHRISTIAN

... a bliddy nose...

CYRANO

...a blow Ah parry, and Ah find Ah'm...

CHRISTIAN

... nose tae nose...

CYRANO

By Saint Grizzle's Gut!

... wi a beelin bellicose

Byke, all smellin...

CHRISTIAN

... nose-wise...

CYRANO

of onions and Lanliq!

Ah chairge, heid doon...

CHRISTIAN

> ... nose furst...

CYRANO

> > ... they're up the creek;
> Wan's oan ma spit, two wae their guts hung oot!
> Wan aims his point. Kapow! Ah've gote him...

CHRISTIAN

> > > Kaput!

CYRANO

> Christ!! Oot, all of ye!!

FIRST CADET

> > Tiger, awake!

CYRANO

> All of ye! Leave me wi this man!

SECOND CADET

> > Fucksake!
> He'll make mincemeat of him!

RAGUENEAU

> > Mincemeat?

THIRD CADET

> Fur wanny yer pies, aye!

RAGUENEAU

> > Ah don't feel great,
> Ah've gone all wabbit, like a serviette.

LE BRET / CARBON

> Let's go.

FOURTH CADET

> > There'll no be a crumb left, Ah bet!

FIFTH CADET

> These things are really really weird, they faze me!

FIRST CADET

> It's goany be quite horrendous!

❧ *Scene* 10

CYRANO

> > Embrace me!

CHRISTIAN

> Sir...

CYRANO
>   Brave man.

CHRISTIAN
>   Ah! but...

CYRANO
>   Real brave. Ah'd raither...

CHRISTIAN
>   Whit is it ye're...?

CYRANO
>   Embrace me. Ah'm her brither.

CHRISTIAN
>   Whose brither?

CYRANO
>   Hers!

CHRISTIAN
>   Hers?

CYRANO
>   Roxane's!

CHRISTIAN
>   Roxane?
>
>   Her brither?

CYRANO
>   Near as dammit. Britherly cousin.

CHRISTIAN
>   She's tellt ye...?

CYRANO
>   The loat!

CHRISTIAN
>   She loves me?

CYRANO
>   Maybe.

CHRISTIAN
>   Ah'm happy, sir, tae know ye and tae say t'ye...

CYRANO
>   Noo that's a slightly different tune Ah'm hearin.

CHRISTIAN
>   Forgie me...

CYRANO

Good-lookin bugger tae. Right steerin!

CHRISTIAN

Ye'll niver know, sir, hauf ma admiration.

CYRANO

But aw thae *noses...*

CHRISTIAN

Gie them tae tarnation!

CYRANO

Roxane expeᶜts a letter...

CHRISTIAN

Aw naw!

CYRANO

Whit's wrang?

CHRISTIAN

If Ah dinnae stey silent, Ah kin hang!

CYRANO

Why?

CHRISTIAN

Ah'm that thick Ah could kill masel fur shame!

CYRANO

Dinnae believe it. Ye've jist gien yersel the blame.
Ye wernae thick when ye made me yer target.

CHRISTIAN

It's no that haurd when ye kin needle and narg it.
All right, Ah've gote a sojer's wit and brashness,
But see women – Ah'm stupit wi bashfulness.
Oh, Ah kin see their eyes foallyin me...

CYRANO

And when ye stoap, their herts are no sae free?

CHRISTIAN

Naw! Ah'm wan of those that run, that scare,
That cannae talk aboot love.

CYRANO

Well, me, Ah'm shair
If somebdy hud modelled me a bit better,
Ah'd huv talked aboot love, tae the letter.

CHRISTIAN

Oh tae be able tae express things sweet and clear!

CYRANO

Oh tae be a neat wee handsome musketeer!

CHRISTIAN

Roxane's a wit, a reader; if Ah speak,
It's curtains!

CYRANO

Why could Ah niver seek
Such an interpreter tae express ma soul?

CHRISTIAN

Eloquence, that's whit a need!

CYRANO

Sold!
Len me yer stoap-them-in-their-tracks boady-line:
Between us we'll make a hero by design!

CHRISTIAN

How?

CYRANO

Could ye repeat the things that day eftir day
Ah'd learn ye?

CHRISTIAN

Aye but... what... Ye mean tae say...?

CYRANO

Roxane willl nivir suffer disillusion!
We'll win her, d'ye no think, by perfect fusion?
Kin ye no feel ma soul, kin ye no snuffle it,
As it flees fae ma buffalo jerkin tae yer petitpoint doublet?

CHRISTIAN

But Cyrano!...

CYRANO

Have a go!

CHRISTIAN

Ye're quite mad!

CYRANO

By yersel ye'll freeze her hert – that's bad.
But think: your mooth, ma wurds, collaboration!
She'll melt, she'll no resist that conflagration!

CHRISTIAN

Yer eyes are stars!

CYRANO
                            Ye willin?

CHRISTIAN
                                      Why has it meant
Such pleasure tae ye?

CYRANO
                            Ah, it wid...
                                      provide amusement.
A poet's temptit by sich escapades.
Ah'll be your hauf, you ma hauf, and the shades
Will gaird me as Ah gaird you, new and fresh.
Ah'll be your flashin wit, you'll flash ma flesh.

CHRISTIAN
But the letter! She needs it soon! It's mair
Than Ah kin ever dae...

CYRANO
                              The letter? There!

CHRISTIAN
Whit?...

CYRANO
            Needs only name and address. It's fine.

CHRISTIAN
But Ah...

CYRANO
            Send it. It's okay. Doon the line.

CHRISTIAN
Hud ye...?

CYRANO
                  Oh, folk like me always huv epistles
Stuffed in oor poakit, tae some Janes and Grizels
We've thote up. Oor hinnies ur jist dreams
We blaw intae the bubbles a sich names...
Take it, and aw these shams burst intae life;
Sighs, proamises, Ah flung them ripe and rife:
You'll see them fauld their wings and settle near.
You'll see this letter shaws me – take it, here! –
Mair eloquent as Ah wis less sincere!
– Take it, let's go.

CHRISTIAN

                Aye, but won't it appear
Too vague, too general fur Roxane's love,
Unless we chynge it?

CYRANO

                Fit her like a glove.

CHRISTIAN

  But...

CYRANO

    Believe me, self-regard wins all.
Roxane will niver sniff the trick at all!

CHRISTIAN *(hugs Cyrano)*

  Ah, ma freen!

❧ *Scene* 11

A CADET

            Nuthin. Silent as the grave.
Ah don't dare look...

                Whit...?

ALL THE CADETS

                   Ah!... Oh!...

A CADET

                       Guid save

  Us!

THE MUSKETEER

  Ugh!

LE BRET / CARBON

              Oor deil's as cooin as a doo!
Hit wan nose-tril, he turns the ither too!

THE MUSKETEER

  That nose a his is nae langer taboo?
Lise, watch this!

           Oh! Whit a guff, whit a poo!
Maist byordnar!...

          Sir, ye must huv smelt it?
It's like a bunch a...

CYRANO

          Bunch a fives, weel beltit!

Act 3

Roxane's Kiss. At Roxane's house in Paris.

❧ Scene I

RAGUENEAU
...and then she runs aff wae a musketeer!
Ma life's in ruins, Ah'm hangin masel, and here
Monsieur de Bergerac comes and cuts me doon,
Makes me his cousin's steward in the toon.

THE MINDER
But how did you arrive at these reverses?

RAGUENEAU
Lise liked men wi swords, me – men wi verses!
Mars scoffed aw the cookies Apollo left:
Mibbe no fair, but it wis an easy theft!

THE MINDER
Roxane, are you ready? They are waiting!

VOICE OF ROXANE
                                        Ah've jist
Ma coat tae button!

THE MINDER
                        Clomire's place, that is our tryst.
Her salon is the venue of our seminars.
Today, paper on The Heart. One of our stars.

RAGUENEAU
On The Heart?

THE MINDER
                Well, yes!...
                            Roxane, come down,
Or we shall miss The Heart. It should be the crown
Of...

VOICE OF ROXANE
    Ah'm comin!

VOICE OF CYRANO
                    La! la! la!
THE MINDER
                              Music? What – ?
CYRANO
   Demisemiquavers, you demi-idiot!
FIRST PAGE
   Ye know yer demisemiquavers, sir?
CYRANO
   Aye, Ah've learnt up ma Scoatch snap and tirr
   Fae Gassendi!
THE PAGE
                    La! la!
CYRANO
                         Gie me the lute!
   La! la! la! la!
ROXANE
               It's you?
CYRANO
                              Here tae salute
   Yer lilies, and pey ma respecks tae yer ro...ses!
ROXANE
   Ah'm comin doon!
THE MINDER
                         What strange two virtuosos...?
CYRANO
   Oh, that's a bet Ah wan aff d'Assoucy.
   An aye-naw argy-bargy on the use ae
   Semicolons. He whisked oot these great louts
   That foally'm aboot, targettin scarts and clouts
   At the lute-strings wi their paws. Made a boast:
   'Ah'll bet ye a day a music!' But he loast.
   Till the sun gets its circuit gaun again,
   Ah hiv tae pit up wae these music-men.
   We're a barbershoap trio wherever Ah go,
   Which at furst wis a hoot, but nae langer so!

   Hop it! Go tae Montfleury and pley a strathspey,
   Say Ah sent ye!...
                         – Ah came tae Roxane the-day

Tae ask, as Ah keep daein...
                         – Deave him wi bum notes!
...if he's still perfick, the wan on whom she dotes?

ROXANE

He's handsome and he's clever and Ah love him!

CYRANO

Christian – clever?!

ROXANE

                 Ma dear, ye're no above him!

CYRANO

True.

ROXANE

       Ah doot there's naebdy that kin say
Mair a those nuthins that are ivrythin. Wan day
He'll lose the place, his Muse stravaigin, the nixt
He'll say sich super things that Ah'm transfixt!

CYRANO

Oh, come!

ROXANE

         Really it's too much, you men are aw the same.
His good looks means he hisnae an idea tae his name!

CYRANO

Well, kin he talk aboot the hert wi expertise?

ROXANE

He disnae talk, sir, he expounds, with ease.

CYRANO

Ye mean he *writes*?

ROXANE

           Writes? Flies oota the ruck! –
Mair hert ye take, mair hert ah hae!' – good?

CYRANO

                       Yuck!

ROXANE

And this: '*Ah need a hert, Ah've gote tae suffer;*
Ye've gote mine, so gie me yours!'

CYRANO

                  Whit a duffer!
Furst he hiz too much hert, then nut enough.
Kin he no wurk oot whit he wahnts?

ROXANE
                                        Ah could cuff
You, ye're jist jealous...
CYRANO
                        What?
ROXANE
                                        ... of a better writer!
– Listen. Could ony wurds be sweeter, brighter:
'Towards you Ah hiv only wan cry tae utter,
Believe me, and if kisses came by letter,
Madame, ye'd read ma letter wi yer lips!'
CYRANO
Ho ho! Ah well, no bad...
                        – Fish withoot chips!
ROXANE
And this...
CYRANO
                Ye mean ye know these letters by hert?
ROXANE
All of them!
CYRANO
                The writer must shairly feel richt smert!
ROXANE
He's a genius!
CYRANO
                Oh, well...
ROXANE
                                Genius!
CYRANO
                                Genius, okay!
THE MINDER
Monsieur de Guiche!
                        – Go inside. If you stay
And he finds you here, it could be very bad,
He might suspect...
ROXANE
                        ... ma best secret! He's mad
Tae have me, he's gote a mafia, he mustn't know!
Oh he could gie ma love a hammer-blow!

CYRANO
   Awright, awright.

❧ *Scene* 2

ROXANE
                  Ah wis leavin...
DE GUICHE
                              I am leaving too.
ROXANE
   You? Where?
DE GUICHE
            To the war.
ROXANE
                        Ah!
DE GUICHE
                     Tonight.
ROXANE
                           Ah!
DE GUICHE
                          It's true,
   My orders just came through. Siege of Arras.
ROXANE
                              Arras?
DE GUICHE
   Yes. I see my departure leaves you unembarrassed.
ROXANE
   Sir...
DE GUICHE
      I am desolate. When shall I see you? When?
   – Do you know I am now colonel of all these men?
ROXANE
   Good.
DE GUICHE
      Yes, I command the Guards.
ROXANE
                        Ah! the Gairds?
DE GUICHE
   Including your cousin, the braggart. Affairs
   Will draw us, and my revenge, closer.

ROXANE

                                        Sent

    Tae Arras, the Gairds?

DE GUICHE

                        Why not – it's my regiment!

ROXANE

    Christian!...

DE GUICHE

                What's wrong?

ROXANE

                                The news... it's waur

    When ye've a freen, goin aff tae the war.

DE GUICHE

    For the first time you don't snap in my face,

    Just when I'm leaving!

ROXANE

                        – So ivrythin's in place

    Fur vengeance on ma cousin?

DE GUICHE

                            You mind?

ROXANE

                                    Nut a bit.

DE GUICHE

    You see him?

ROXANE

                Seldom.

DE GUICHE

                These two never split,

    Bergerac and that Cadet... Neuvillen... Neuviller...?

ROXANE

    Tall?

DE GUICHE

        Fair.

ROXANE

            Rid.

DE GUICHE

                Handsome!

ROXANE

                                    So-so.

DE GUICHE

Not bright.

ROXANE

Ah'll say!

– But look, yer revenge on Cyrano – it's nae guid
Exposin him tae danger, he loves it. Get rid
A yer anger a better wey Ah could tell ye...

DE GUICHE

Which is...?

ROXANE

Suppose the regiment whizzes aff, let it whizz
Withoot Cyrano and his Cadet cronies, let them sit
The war oot in Paris on their tod. Hit
Cyrano where it hurts, on his bump of action:
Inaction gets up his nose, right tae distraction.

DE GUICHE

A woman! A woman! Only a woman *could*
Think up such a solution!

ROXANE

He'll sit and brood,

He'll chaw his soul, his freens their fists. Tae miss
The fecht! Misery!

DE GUICHE

So love is not amiss?

I like to see your sharing of my black need
As a sign of love, Roxane.

ROXANE

It is indeed.

DE GUICHE

Here are the orders each company receives
From me, immediately, except those leaves...
... I now detach. The Cadets.

I keep them back.

Ah, Cyrano! Ha ha! No glory and no flak!
– You too play tricks on people?

ROXANE

Sometimes Ah do.

DE GUICHE

You drive me mad! Tonight – Listen – I'm through –

I ought to go – but after what you've said...
Listen. In the Rue d'Orleans, just ahead,
Is a Capuchin monastery, under the guard
Of Father Athanasius. Laymen are barred
Of course, but the good Fathers – no one grieves
If I slip in, courtesy of their wide sleeves.
These Capuchins serve Richelieu point-blank;
The nephew's jeep's as feared as uncle's tank.
– I'm as good as gone. I shall be back with a mask.
My *gamine*, one day more, that's all I ask!

ROXANE

But if it gets known, yer name...

DE GUICHE

                                    Who cares? Who sees?

ROXANE

And the siege – Arras – ?

DE GUICHE

                        To hell with it! Let me!

ROXANE

                                            Naw!

DE GUICHE

                                                Please

ROXANE

Ah huv tae be hard on you!

DE GUICHE

                        Ah!

ROXANE

                    Go!
                    (aside) Christian stays!
Ah wahnt ye a hero – Antoine!

DE GUICHE

                        Heavenly phrase!
You love the man who...

ROXANE

                    ... who gies me goose-pimples.

DE GUICHE

I can go!
        You're happy?

ROXANE
                         Shairly.

THE MINDER
                                   Pimples, dimples!

ROXANE
Say nut a wurd aboot this ploy. Cyrano
Wid kill me fur snatchin his wee war, Ah know!

Cousin!

❧ *Scene 3*

ROXANE
                    We're aff tae Clomire's.
                                        Speeches
Fae Alcandre and Lysimon!

THE MINDER
                                  A small bird teaches
We shall miss those speeches!

CYRANO
                                   C'moan the sedulous apes!

THE MINDER
Oh look! The knocker is all swathed in drapes!
– They must have gagged you, little brute, in case
Your metal made fine discourse lose the place!

ROXANE
Let's go in...
                    If Christian comes – Ah think he will –
Get him tae wait!

CYRANO
               But!...
                         Tell me, whit's oan the bill
Fur him the-day, whit questions?

ROXANE
                                   Aboot...

CYRANO
                                             Aboot?

ROXANE
But ye'll no let dab?

CYRANO

> Nut a peep or a toot.

ROXANE

Nae question this time! Ah'll say, step on it, go!
Improvise! Speak love! Be magnifico!

CYRANO

Good.

ROXANE

> Sh!

CYRANO

> Sh!

ROXANE

> Nut a wurd!

CYRANO

> So long!

ROXANE

He'd try tae prepare...

CYRANO

> Ye think?

BOTH TOGETHER

> Sh!

CYRANO

> Christian!

❧ Scene 4

CYRANO

Ah know whit's needed. Syne oot yer brain-cells.
Cover yersel wae laurels, medals, bluebells!
Nae time tae lose. Oh, dinnae look sae wabbit.
Back tae yer place. We'll mesmerize the rabbit!

CHRISTIAN

Naw!

CYRANO

> How no?

CHRISTIAN

> Ah'll meet her here.

CYRANO

> Y'aff yer heid?

Ah've still tae learn ye...

CHRISTIAN
                              Naw naw, that's aw deid.
Ah'm fed up wi thae cast-affs, shoap-soiled phrases,
Pleyin a role, shakin through aw its phases.
It wis fine tae stert wae. Noo she's oot her shell
Ah'm no that feart. Thanks, but Ah'll speak masel.

CYRANO
  Ach!

CHRISTIAN
      Who says Ah cannae dae it? Me,
Ah'm no a bawheid eftir aw, you'll see!
Ma freen, yer great lessons huv done their bit –
Ah know how tae speak! And by Christ Ah kin pit
Ma erms aroon Roxane any time, jist so – !

She's here! Aw naw, don't leave me Cyrano!

CYRANO
  Enjoy yer tête-à-tête, sir.

ᕯ *Scene 5*

ROXANE
                          ... 'bye Barthénoïde!
  – Alcandre! – Grémione!...

THE MINDER
                          We missed it, indeed,
  That paper on The Heart.

ROXANE
                          Urimédonte!
                                          – Christian!...
  It's hauf daurk and the air's nice. They've gone.
  Let's sit. It's quiet. Talk tae me.

CHRISTIAN
                          Ah love ye.

ROXANE
  Right. *Parlez-moi d'amour.*

CHRISTIAN
                          Ah love ye.

ROXANE
                                      Nice of ye,
  But mair, mair...

CHRISTIAN
                        Ah love...
ROXANE
                                    Mair!
CHRISTIAN
                                        ... ye a loat.
ROXANE
    Zat all? Kin ye no...?
CHRISTIAN
                            Ah kin... say Ah'd 've gote
    A lovely thing if ye could love me back...
ROXANE
    Ye gie me Perrier, Ah wahnt Barsac!
    C'moan, how much d'ye love me?
CHRISTIAN
                                    Oh – much.
ROXANE
    Dear Gode, kin ye no combobulate yer act?
CHRISTIAN
                                            Such
    A neck! Ah could eat it!
ROXANE
                        Christian!
CHRISTIAN
                            Ah love ye!
ROXANE
                                        Snore...
CHRISTIAN
    Naw, Ah don't love ye...
ROXANE
                        That's better.
CHRISTIAN
                                    Ah *adore*...
ROXANE
    Gode!
CHRISTIAN
        Ah'm gettin stupit!
ROXANE
                        Ye make me sick,

Jist as if ye were ugly. It's nut ma shtick.

CHRISTIAN
But...

ROXANE
Reassemble yer rhetorical forces, naw?

CHRISTIAN
Ah kin...

ROXANE
Love me, Ah know. G'bye.

CHRISTIAN
Ah'm slaw,
But wait...

ROXANE
Ye adore me. Aye. It's registered.
Naw! Naw! Get away!

CHRISTIAN
But Ah...

CYRANO
Blushes sperd?

❧ *Scene 6*

CHRISTIAN
Help!

CYRANO
Naw naw.

CHRISTIAN
Ah'll die if Ah don't get back
Tae her at wance!

CYRANO
How the hell's that track
Tae be taken noo? Ah'm no a magician.

CHRISTIAN
Look!

CYRANO
Her windae!

CHRISTIAN
Ah'm gonnae *die*!

CYRANO
Ya plook,
Keep it doon.

CHRISTIAN
> Die.

CYRANO
> It's daurk.

CHRISTIAN
> Well?

CYRANO
> A wey oot.
> Ye don't deserve it. Ston therr, ya daft galoot.
> Therr, at the balcony. Ah'll ston below
> And whisper up tae ye.

CHRISTIAN
> But...

CYRANO
> Quiet!

THE PAGES
> Hello!

CYRANO
> Sh!

FIRST PAGE
> We've feenished making that serenade
> Tae Montfleury...

CYRANO
> Noo there's an ambush tae be played.
> Wan of ye wait at each coarner of the street,
> And if anyone unexpeéted hits the beat,
> Pley a tune.

SECOND PAGE
> What tune, Gassendi-san?

CYRANO
> Make it jinky fur a wumman, doonbeat fur a man!
> – Call her!

CHRISTIAN
> Roxane!

CYRANO *(throws pebbles up at Roxane's window)*
> Wait! Chuckies will do.

❧ *Scene* 7

(Christian and Cyrano are under Roxane's balcony)

ROXANE

Who's that?

CHRISTIAN

        It's me.

ROXANE

               Who's 'me'?

CHRISTIAN

                     Christian.

ROXANE

                          Oh. You!

CHRISTIAN

Ah'd like a wurd with you.

CYRANO

               Good. Good. Keep it low.

ROXANE

Naw. Ah've hud enough a yer wurds.

CHRISTIAN

                      Please don't go!

ROXANE

Naw. Ye don't love me nae mair...

CHRISTIAN *(repeating after Cyrano)*

                  Ye're so unfair!...

Heavens – love ye nae mair – when Ah love ye mair – !

ROXANE

Better!

CHRISTIAN

   Love wis cradled in a cruel net

Of nerves... ma soul... wis the cratur's bassinet!

ROXANE

Good! But if it wis cruel, why'd ye not

Snuff oot that chancy love, there in its cot?

CHRISTIAN

Ah tried, Madame, but Ah... hud tae cry keys.

This... puny squaller... wis a Hercules...

ROXANE

Keep it up.

CHRISTIAN
              ...that strangled... the two snakes
  Of Pride and Doot... like that!
ROXANE
                          But yer voice shakes.
  The wurds are fine, but come oot wi a stammer.
  Yer poetry's hud a stroke and hurt its grammar!
CYRANO *(to Christian)*
  Sh! This is impossible!...
ROXANE
                      Today it seems
  Ye're hesitant... but how?
CYRANO *(now speaks himself, in place of Christian)*
                  It's time fur dreams.
  Sae daurk, ma words must fumble tae yer ears.
ROXANE
  My wurds hiv nae such trouble, it appears.
CYRANO
  They hit the mark fur a good reason though.
  Ma hert's the target where they hiv tae go,
  And it's as big as your sweet ear is wee.
  Forbye, *your* wurds come doon by gravity,
  But *mine*, Madame, must pech and climb tae you!
ROXANE
  They're climbin better noo, is that no true?
CYRANO
  Gymnastics practice keeps the habit good.
ROXANE
  Ah'm talkin t'ye fae quite an altitude.
CYRANO
  Ye'd shairly be the death a me if ye drapped
  A hard wurd on ma hert: doon here Ah'm trapped!
ROXANE
  Ah'm comin doon.
CYRANO
            Naw!
ROXANE
                Climb on the bench, quick!

CYRANO
Naw!
ROXANE
How no?
CYRANO
Ah find it therapeutic
Jist tae... enjoy the moment... incredibly,
Talkin quietly, invisibly.
ROXANE
Invisibly?
CYRANO
The croon of aw! Aye – hauf glimpsed, hauf thote,
You see the bleckness of a lang-tailed coat,
Ah see the whiteness of a simmer dress;
Ah'm but a shedda, you are aw brightness.
Minutes oota life! Ye'll nivir know how rerr!
If Ah wis eloquent at times...
ROXANE
Ye were, ye were!
CYRANO
It wisnae language that come burstin through
Ma real true hert...
ROXANE
How no?
CYRANO
Because... till noo
Ah've spoken ower...
ROXANE
What?
CYRANO
... a chitterin-fit
That seizes yer admirers... but noo that's it:
Ah'm speakin tae ye straight, as niver before.
ROXANE
It's true, yer voice soonds different, more and more.
CYRANO
Aye, it's quite different. The night's ma gaird and grot.
Here Ah kin daur tae be me, kin daur...
But what –
Ah don't know – aw this – forgie me – stealin

Ower me, new and wunnerfu, the feelin...

ROXANE

It's new?

CYRANO

It's new... totally... tae be sincere...
Ma hert ay nippit... tae be laughed at... the fear...

ROXANE

Laughed at fur whit?

CYRANO

Fur... oh, inflatit desires:
Ma mind ay cloaks ma hert, tae hide its fires;
Ah'm aff tae cleek a star, but stoap tae pick
A flooer, a bud, fur fear Ah take some stick.

ROXANE

A bud's no bad.

CYRANO

Tonight, let's bury the bud!

ROXANE

Ye niver spoke like this. Ah feel a flood...

CYRANO

Oh if we could jist escape the torches a Cupid,
The arras and quivers – tae somethin fresh, no stupid!
Insteeda sippin, drap by drap, wersh watter
Fae fikey golden thimbles of clichéd matter,
We could get the haill soul tae slake its thirst,
Slorpin love's river in a thunderburst!

ROXANE

But wit...?

CYRANO

Well, Ah used ma wit tae win ye,
But wit wid noo be the wrang tale tae spin ye.
It wid insult the daurk, the earth, the scents,
Tae utter euphuistic sentiments.
– Let the sky pour doon wan look fae its stars,
And artificiality's a farce.
Ah doot oor subtle chemistry creates
Forms where real feelin – whoof! – evaporates.
Ah doot the soul weers thin wi verbal bushido,
And finest finesse is finally *finito*.

ROXANE
> Yet wit...

CYRANO
>   Is love's enemy! Ah wid snatch
> Any lover oota that useless fencin-match!
> And onywey, the moment has tae come –
> Though some pair sowls will niver hear the drum –
> When all we know is: a noble love exists,
> And finicky wurds and wit and smirks – it resists!

ROXANE
> Well then, if it's *oor* moment, as ye suppose,
> What wurds will *you* speak?

CYRANO
>   Aw those, aw those, as those
> That come tae me, Ah'll bunch them, hurl them, no
> In a neat bouquet: Ah love ye, Ah'm chokin, Ah know
> Ah'm crazy, Ah love ye, Ah'm at the end a ma tether;
> Ma hert's a bell, yer name's there in aw weather,
> It hings and shivers as Ah shiver, Roxane,
> It rings oot, bell and clapper, *Roxane, Roxane*!
> All of ye's in ma love, ma memory:
> Wis it no last year, on the twelfth a May,
> Ye went oot wae a brand-new style a herr!
> Ah've ay been taen wi the brushed brilliance therr –
> Jist as someone gies a lang stare at the sun
> And sees a rid-spot wurld fae roof tae grun,
> Ivry time your flames go onto hold,
> Ma dazzled eyes see flecks and coils a gold!

ROXANE
> Aye, that wid be love...

CYRANO
>   The feelins that invade me,
> Jealous, horrendous, whit a brood tae shade me
> Wi daurk obsessions, aye it's love, it's love,
> But no self, self, no ego-trip fae above:
> If Ah could gie ma happiness fur yours,
> Even if nuthin a this came tae yer ears,
> Ah'd be content tae hear, jist noo and then,
> Faur aff, your laughter, and ma loass your gain.

– Wae ivry look ye gie me Ah kin win
Tae somethin new and clean and keen! Ye kin
Begin tae unnerston, weigh, suss, it, me?
Tae sense the daurk, and ma soul risin free...?
Oh it's too much, the daurk, the beauty, you –
Ah say these things, ye hear me, Ah hear ye too –
Too much! Oh Ah hud hopes – nae moadest wans –
But niver moments like this. Boady-scans
Wid say Ah'd die happy. Ma wurds and ma praise
Huv made her trimmle between the blue sprays.
Aye, ye're trimmlin like a leaf amang the leaves!
Ye're trimmlin, Ah kin feel it, yer hon, yer sleeves
Unknowinly thrill oot a trimmlin doon
Alang the jasmine branches where Ah swoon!

ROXANE

Ah'm trimmlin, aye, and greetin, Ah love ye, Ah'm yours!
Ye've gote me drunk wae it!

CYRANO

                        Take ma last oors,
Death! She's drunk wi ma love. Ah couldnae miss.
Nae mair but wan thing still tae ask...

CHRISTIAN

                          A kiss!

ROXANE

What?

CYRANO

       Oh!

ROXANE

      Ye asked...?

CYRANO

                Aye, but...
             (to Christian) Ye're rushin things.

CHRISTIAN

She's aw wurked up. Ah huv tae clip her wings.

CYRANO

Aye, well, Ah did ask fur a kiss... but oh,
It wis faur too presumptuous, Ah know.

ROXANE

Ye don't wahnt tae insist...?

CYRANO

                       Insist? Aye, well,
But no insistently... Yer moadesty... hell,
Ah cannae... Naw, let's skip the kiss. No fair.

CHRISTIAN

Why, why?

CYRANO

        Quiet!

ROXANE

               Whit's that ye're sayin doon there?

CYRANO

Ah'm jist scoldin masel, fur temptin fate.
'Quiet, Christian!' Ah sayed tae masel...
                                  Wait!..
Someone's comin!
             Daurk tune? Bright tune? Whit is it?
A man? A wumman? – It's a Capuchin come tae visit!

❧ Scene 8

CYRANO

Well sir, ye're wearing out the tarmacadam?

THE CAPUCHIN

I'm looking for the residence of Madame...

CHRISTIAN

Nuisance!

THE CAPUCHIN

      ... Magdeleine Robin...

CHRISTIAN

                   Whit's he eftir?

CYRANO

                           This way!
Straight on!

THE CAPUCHIN

           I thank you, sir. And I shall pray
Right round my rosary for your true good.

CYRANO

Good luck! May ma best wishes stick tae yer hood!

❧ *Scene* 9

CHRISTIAN
  Get me this kiss!
CYRANO
                Naw!
CHRISTIAN
                        Sooner or later...
CYRANO
                                True,
  It'll come, that dizzy moment, that steamer, through
  Two mooths meetin in the blin eclipse
  Of your blond 'tache and her sweet rosy lips!
  (Ah'd raither it wis caused by...)

❧ *Scene* 10

ROXANE
                        Are ye therr?
  We talked aboot... aboot...
CYRANO
                It's rerr,
  That wurd. How kin ye no pronounce it yet?
  If the wurd stings ye, what will the real thing get?
  But there's nae need a bad anticipation:
  Withoot knowin it, ye've bypassed titillation,
  Manoeuvred yersel withoot a backward glance
  Fae smile tae sigh, fae sigh tae tears: the dance
  Should glide ye noo wae an unconscious grace
  Fae tear tae kiss – a quiver a the face!
ROXANE
  That's enough!
CYRANO
                A kiss, take it fur all in all,
  Is what? A vow at close quarters; a call
  That means it; a confession delivered sealed;
  Love's capital pentit gold on a rid field;
  A secret fur the mooth and no the ear;
  A bee's breath, too infinite tae hear;
  A sacrament that's flooery tae taste;

A time tae learn hoo ithers' hert-beat raced,
Where ither souls hud placed their soondin-board!

ROXANE

Enough, enough!

CYRANO

                A kiss, Madame, fur a lord!
A noble kiss, a royal kiss the Queen
Of France wance gave an Englishman...

ROXANE

                                 Ye mean...?

CYRANO

Ah'm Buckingham, a silent sufferin duke,
Ah'm oan ma knees and you're the queen it took
Tae make me leal and lanelie...

ROXANE

                           And ye've gote
Guid looks like him!

CYRANO

                   Guid looks! – Aye, Ah forgote...

ROXANE

Right! Climb and clutch this choicest flooer-face...

CYRANO

Climb!

ROXANE

        This tasty hert!

CYRANO

                Climb!

ROXANE

                      This bee's embrace!

CYRANO

Climb!

CHRISTIAN

        Ah don't think it's the time tae climb!

ROXANE

This infinite moment...

CYRANO

                Climb, ya stookie, it's time!

CHRISTIAN

Ah, Roxane!...

CYRANO

Oh! ma hert nips! – Strange misery!
Lazarus at the feast a love, that's me!
Sae daurk – and yet wan crumb a comfort faws –
A taste a ye swims intae ma hert's jaws –
On thae lips where Roxane's decoyed and snared
She kisses wurds Ah've only jist declared!

– Sad tune, bright tune: the Capuchin!

– Hullo!

ROXANE

Who is it?

CYRANO

Me. Passin by... Did Christian go?

CHRISTIAN

Gode, Cyrano!

ROXANE

Cousin, hullo!

CYRANO

Hullo, cousin!

ROXANE

Ah'm comin doon.

CHRISTIAN

Him again!

ࣿ Scene 11

THE CAPUCHIN

She must be in,
Magdeleine Robin!

CYRANO

Rolin, that's whit ye sayed before.

THE CAPUCHIN

No no. B, i, n, *bin*!

ROXANE

Whit's this?

THE CAPUCHIN

A letter.

CHRISTIAN

For...?

THE CAPUCHIN

It must be something holy, by Saint Mary!
It was a worthy lord who...

ROXANE

De Guiche!

CHRISTIAN

How dare he...?

ROXANE

Oh, he neednae waste his fykes and dirdums!
Ah love ye, and if...

'*Mademoiselle,*

The drums

Beat; my regiment buckle their jerkins;
They leave, I stay; I skulk among the firkins
Of a monastery; yes, I've disobeyed you.
I must see you; this letter is relayed you
By a monk who is as simple as a goat
And would understand nothing in this note.
Your lips have smiled at me too much; I need them.
Send everyone away, and when you've freed them
Deign to meet the too bold but I hope rather
Now the forgiven one,

Yours etcetera...'

Father,

This is whit the letter says. Listen noo.
Mademoiselle,

You know you have to do
What the Cardinal says, even if it is hard.
On this occasion, since nothing must be marred,
I have put these lines into your charming hand
Through a discreet and saintly monk; as planned,
This thoughtful man will give you, in your house,
The benediction

(she turns the page)

of a loving spouse.
Christian's vows will be secret, but must bind.
I send him. You hate him. You must be resigned.
Remember heaven will bless your piety,
And you need never feel anxiety,

Mademoiselle, about the plethora
Of respect that flows from

Yours, etcetera.'

THE CAPUCHIN

A worthy lord! I knew it, and I told you!
I knew some holy project would enfold you!

ROXANE

Ah'm no bad at readin letters, eh?

CHRISTIAN

Hm... yes...

ROXANE

This is terrible!

THE CAPUCHIN *(to Cyrano)*

Are you...?

CHRISTIAN

It's me!

THE CAPUCHIN

But...

ROXANE

'P.S.:

Donate the monastery fifty francs.'

THE CAPUCHIN

Splendid,

Splendid man!

Be contented. *(to Roxane)*

ROXANE

It's ended!
Look, De Guiche is comin. Keep him here. *(to Cyrano)*
He's no tae enter till...

CYRANO

Right!

Ten minutes clear *(to the Capuchin)*

Fur the ceremony?

THE CAPUCHIN

Yes.

CYRANO

Aff ye go. Ah'll stay.

ROXANE *(to Christian)*

C'moan!...

≹ *Scene* 12

CYRANO

         Noo, ten minutes tae keep De Guiche away!
  Therr!... Ah'm up!... Ma plan... *(climbs up to balcony)*
               A man!

                     A man, aye!

Definitely.
         Naw, this is no too high...
Ah'm ready tae brek up this happy scene!

≹ *Scene* 13

DE GUICHE

What's happened to that cursèd Capuchin?

CYRANO

Hell! Whit if he recognized ma voice?

                       Cric! Crac!

Cyrano, open the accent of Bergerac!

DE GUICHE

That's the house; if I could *see*. Bloody mask!
What the...? *(Cyrano falls from balcony)*
          Where'd you fall from, may I ask?

CYRANO

Fae the muin.

DE GUICHE

        From the...?

CYRANO

           Whit time...?

DE GUICHE

              He's lost his reason!

CYRANO

Whit time? Whit country? Whit day? Whit season?

DE GUICHE

But...

CYRANO

     Ah'm in a dwam...

DE GUICHE

          Sir...

CYRANO

          Drapped like a bomb

Fae the muin.

DE GUICHE

                    Oh, come, sir!

CYRANO

                              Fae the muin's kingdom!

DE GUICHE

All right, all right! *(aside)* I'd better humour him.

CYRANO

And nae metaphors, nae wings, nae seraphim!

DE GUICHE

But...

CYRANO

          A hunner years or a minute ago –
Ah've nae idea, wis it fast or slow? –
That yalla bool wis ma hame, before Ah sank –

DE GUICHE

Yes yes. Let me past.

CYRANO

                              Where am Ah? Be frank!
Dinnae bamboozle me. Whit a place, whit site
Hiv Ah drapped tae, like a meteorite?

DE GUICHE

Christ!

CYRANO

          Ah fell, ye see, withoot an inklin
Of where Ah'd fell tae. Is it France or Englan',
A muin or an earth, where in the universe
Hiv Ah plunked doon ma gravitational erse?

DE GUICHE

I tell you, sir...

CYRANO

                    Dear Gode! Whit's this Ah see?
Ur yese aw black-faced in this country?

DE GUICHE

What?

CYRANO

          Is it Africa? Ur ye ethnic, an African?

DE GUICHE

It's a mask!

CYRANO

              Venice then, Genoa, a carnival man?

DE GUICHE

A lady's waiting...

CYRANO

                 Paris – it must be!

DE GUICHE

Method in his madness!...

CYRANO

                   Ye're laughin?

DE GUICHE

                         A smile, as you see.

But I must pass...

CYRANO

              Paris – that's where I fell back!
Last whirlwind express, better than Amtrak!
Excuse me, Ah'll brush aff some ether. Yon wis a trip!
Here's ma eyes hauf-closed wae stardust. The tip
A ma spurs is cloagged wae planet-fur.
An a coamet's herr on ma doublet! Gode, sur...!

DE GUICHE

Really!...

CYRANO

           Aye, and a tooth fae the Great Berr
Stuck in ma cauf – Taurus gien me a wee terr
Wae wan a his hoarns as Ah foallowed the trails,
Ah jouked him, fell slap-bang in the Scales –
The needle up therr wid still show ma weight!
And if ye nipped ma nose, sir, whit a spate
A mulk ye'd get!

DE GUICHE

              What! Milk?...

CYRANO

                  Fae the Mulky Way!

DE GUICHE

Hell and damnation!

CYRANO

             Heaven, in fact, yesterday.
Ye know, tumblin through the gloamin, Ah fun it disturbin

Tae see auld Sirius bumflin his heid in a turban.
D'ye know the Little Berr's too wee tae bite?
Ah croassed the Lyre and snapped it – strings too tight.
But aw these things ur goanny be in a book,
And the gold stars Ah sayed by hook or by crook
Ah'd bring in ma scoarched cloak, fur aw the risks,
Ah'll tell the printers tae use as asterisks!

DE GUICHE
Well sir, I still must...

CYRANO
                              Ah see ye need me –

DE GUICHE
Sir!

CYRANO
Ye wahnt tae hear, ye wahnt tae read me,
Whit's the muin made a, and is there a pundit tae
Say whae lives in that big gourd's rotundity?

DE GUICHE
No no! I want to...

CYRANO
                    ... suss ma aeronautic?
Ah hud ma ain invention, quite a braw trick.

DE GUICHE
Mad!

CYRANO
Ah didnae reinvent automata –
Regiomontanus's daft eagle, gone at a
Flap, Archytas's wee widden doo...

DE GUICHE
Mad, but learned.

CYRANO
                      Naw, Ah wahntit somethin new.
Ah fun six ways tae shaft the virgin sky!

DE GUICHE
Six?

CYRANO
Make masel bollock-naked, then tie
Aroon ma boady a swatch a crystal glesses
Filled wi the tears a mornin skies and gresses,

Ston wi ma flesh exposed tae the sun – the sun
Wid sook me up wi the dew. That's ma furst run.

DE GUICHE

All right, that's one!

CYRANO

Get a great guff a wind
Tae help me flight, by keepin the air thinned
In a cedar kist, wi burnin-glesses drawn
In concentratit icosahedron!

DE GUICHE

Two!

CYRANO

Or else, Ah'm a pyrotechnic engineer.
Ah've made a steel-triggered gresshopper. All clear?
Durty big saltpetre bursts, and Ah'm crunchin
Up tae those blue fields where the stars are munchin!

DE GUICHE

Three!

CYRANO

Seein smoke hiz a tendency tae rise,
Ah'd blaw a globefu and be sent tae the skies!

DE GUICHE

Four!

CYRANO

Since the muin, when it's a skelf, is geared
Tae sook up catttle-marra, Ah'd get smeared!

DE GUICHE

Five!

CYRANO

Lastly, Ah'd sit doon on an iron tray,
Heeze up a magnet, hey presto, we're away!
The iron races aff in gled pursuit
As the magnet flees intae the blue, and shoot!
Ye've only gote tae relaunch that wan lodestone –
Flight wi nae limits, oan and oan and oan...

DE GUICHE

Six! – But if all systems reach to heaven,
Which would you finally choose, sir?

CYRANO

                         Nummer seven!

DE GUICHE

   Surely not! What is it?

CYRANO

                   Gie ye ten guesses.

DE GUICHE

   The sly dog is not simple; he impresses.

CYRANO

   Hoo-oo! Hoo-oo!

DE GUICHE

                 What's that?

CYRANO

                      Guess!

DE GUICHE

                           No!

CYRANO

                          The tide!
   When the muin drew the waves, Ah lay beside
   The sea, eftir a dip, sprachled on the sand.
   Ma heid began tae rise up fae the land –
   Ma fringe wis still the wettest pairt a me! –
   And then, sir, Ah floatit aff, up, angel-free,
   Up, nae heavin, nae push, furst slaw, then fast,
   Until Ah felt a shock!... And then...

DE GUICHE

                        Then?

CYRANO

                            Then...
   Ma ten minutes are gone, sir, ye're released.
   The weddin's ower.

DE GUICHE

                I've lost the place, I'm fleeced!
   That voice!
             And that nose! Cyrano?

CYRANO

                       Cyrano.
   — They've gien their rings; she's in her nice trousseau.

DE GUICHE

Who? *(sees Roxane and Chriſtian, hand in hand, married)*
Good God!

❧ *Scene* 14

You!
            Him?
                    You're a fine one! *(to Roxane)*
(to Cyrano) My compliments, Mr Inventor, for what you've done.
    Mr Machine-Man, your tale would hold a saint
    At the gates of paradise with no complaint.
    You must have notes. Recycle them in a book.

CYRANO

Thankye. Ah'll gie the maitter a lang look.

THE CAPUCHIN *(to De Guiche)*

A fine couple, my son, united at your request.

DE GUICHE

Yes.

(to Roxane) Take leave of your husband, wish him the best.

ROXANE

What?

DE GUICHE *(to Chriſtian)*

        The regiment is fully mobilized.
    Join it.

ROXANE

        Tae go tae war?

DE GUICHE

                You're not surprised?

ROXANE

But sir, the Cadets urny goin!

DE GUICHE

                Oh yes.
    The order.
            Quickly, Baron, I must impress.

ROXANE

Christian!

DE GUICHE

        The honeymoon's postponed, my dear!

CYRANO *(aside)*
That's no the warst news Ah could come tae hear.
CHRISTIAN *(to Roxane)*
Anither kiss!
CYRANO
                    C'moan, feenish, pronto!
CHRISTIAN
It's terrible tae leave her... you don't...
CYRANO
                                        Ah know.

DE GUICHE
The regiment's marching!
ROXANE *(to Cyrano)*
                            Please look eftir him!
Proamise ye'll see his life is left tae him
When it comes tae the crunch!
CYRANO
                                Ah'll try, but it's no fair
Tae proamise...
ROXANE
                    Proamise me that he'll take care!
CYRANO
Ah'll dae ma best, but...
ROXANE
                        This siege is terrible.
Will ye see he's no cauld?
CYRANO
                            Aye, if it's poassible,
But...
ROXANE
And see he keeps faithfu!
CYRANO
                                Aye, aye. Still...

ROXANE
And see he writes!
CYRANO
                    That Ah proamise, *that* Ah will!

Act 4

❧ *Scene* 1

LE BRET / CARBON
 Nut a scrap. Whit a scunner, tae be stervin.
 Aw the Cadets ur asleep, only their sleep stervin
 As a meal, as the proverb says: no much solace
 If ye've gote insomnia.
A CADET *(waking)*
                                    – Is that mair volleys?
LE BRET / CARBON
 Nuthin. Go back tae sleep. It's only Cyrano.
A SENTRY *(offstage)*
 Godsbody! Who goes there?
CYRANO'S VOICE
                                    Bergerac. Don't you know?
SENTRY ON THE PARAPET
 Godsbody! Who goes there?
CYRANO
                                    Bergerac, you fool!
LE BRET / CARBON
 My Gode!
CYRANO
       Sh!
LE BRET / CARBON
             You hit?
CYRANO
                          Of coorse nut. Ah keep cool.
 They miss me ivry moarnin.
LE BRET / CARBON
                          But it's no a rule.
 It's too risky.

CYRANO *(stopping in front of Christian)*
        His letters. Ah proamised. Who'll
Dae it if Ah don't – Lyin therr, look. That pale.
If Roxane saw him, stervin... His guid looks...

LE BRET / CARBON
                                 You'll look frail
If ye don't snatch some sleep.

CYRANO
                       Stoap girnin, will ye!
Ah croass the Spainish lines where they won't kill me
Because Ah know they're steamboats ivry night.

LE BRET / CARBON
Could ye no bring back some food?

CYRANO
                       Ah hivtae traivel light!
But still, Ah think ye'll seee a chynge, ye know,
The French ur goanne eat or dee.

LE BRET / CARBON
                         How so?

CYRANO
Naw, Ah'm no sure... Ye'll see...

LE BRET / CARBON
                        We're at
A siege, yet we're stervin! It's shamefu!

CYRANO
                     The siege of Arras
Has endless weys tae baffle and tae harass!
We're the besiegers, but the Cardinal Prince
Of Spain besieges uz, it's thumbscrews, we wince!

LE BRET / CARBON
Somebdy should besiege *him*, tae keep it in play.

CYRANO
It's no really funny, but.

LE BRET / CARBON
                  Tae think that ivry day
You risk yer thankless life tae crawl ower there
Cairryin a ...
        Whaur ye gaun?

CYRANO

　　　　　　　　Tae write wan mair!

❦ *Scene* 2

LE BRET / CARBON
　Reveille! Oh Gode...

　　　　　　　Tasty sleep's a monger,
　Betrays uz. Ah know whit they'll cry!

FIRST CADET

　　　　　　　　　　　　Hunger!

SECOND CADET
　It's the end!

ALL THE CADETS
　　　　　Oh!

LE BRET / CARBON
　　　　　Get up!

THIRD CADET

　　　　　　　Ah can't!

FOURTH CADET

　　　　　　　　　Cannae move!

FIRST CADET
　Yalla tongue: air gies indigestion: prove!

FIFTH CADET
　Ah'd gie ma coronet fur a piece a Cheddar!

SECOND CADET
　If this tuim wame a mine gets any deader
　And goes oan giein its gastric juices the willies,
　Ah'll sulk and skulk in ma tent – jist like Achilles!

THIRD CADET
　Food, food!

LE BRET / CARBON
　　　　　Cyrano!

SEVERAL CADETS

　　　　　　We're deein!

LE BRET / CARBON

　　　　　　　Help them!
　Ye ay hiv wurds and wit tae steir and skelp them:
　Rally them, buck them up!

SECOND CADET
                              Whit's that ye're chawin?

FIRST CADET
   Gun-coatton soaked in axle-grease and thrawn
   Intae helmets tae fry ower the fire.
   There's no much grouse an that in Arras-shire!

THIRD CADET
   Ah've been at the hunt!

FOURTH CADET
                              And Ah've been at the fishin!

ALL THE CADETS
   Whit hiv ye gote? – A saumon? – A pheasant? –
   Show us, show us!

FOURTH CADET
                     A minnow!

THIRD CADET
                              A sparrow!

ALL THE CADETS
   It's enough fur a mutiny!

LE BRET / CARBON
                       Help, Cyrano!

ᚹ Scene 3

CYRANO
   Whit?
            You therr, why ur yer feet skliffin alang?

FIRST CADET
   There's sumhm aboot ma heels that feels wrang.

CYRANO
   Which is...?

FIRST CADET
                Ma stomach!

CYRANO
                       Me too, by Gode!

THE CADET
   It disnae boather ye?

CYRANO
                       Gies me a better load.

SECOND CADET
  Ah've gote lang teeth!
CYRANO
                    Better tae bite wae.
THIRD CADET
  Ma belly's rummlin!
CYRANO
                    Drum the alarm fae.
FOURTH CADET
  Ah've gote a dizzy buzzin in ma ears!
CYRANO
  Naw, that's a lee. Empty belly chyngin gears.
FIFTH CADET
  Sumhm tae go wae olive oil!
CYRANO *(points to the Cadet's weapon)*
                    A pike?
FIRST CADET
  Whit's fur devourin?
CYRANO
                    The Iliad, if ye like.
SECOND CADET
  Away in Paris, the minister stuffs his face!
CYRANO
  He should post ye a pairtrick?
SECOND CADET
                        Nae disgrace,
  And some wine tae.
CYRANO
                '*Burgundy, Richelieu, s'il vous plaît?*'
SECOND CADET
  A Capuchin'll bring it!
CYRANO
                    Greasy eminence, eh?
THIRD CADET
  Ah could eat a hoarse!
CYRANO
                    Keep the bit then.
FIRST CADET
  Ye've ay gote a witty pit-doon.

CYRANO

Witty pen,
Witty mooth! Aye, and Ah hope some gloamin
Ah'll dee wae a *bon mot* like a guid Roman –
Struck doon by the king a weapons in the hon
Of a king and men wurthiest tae fecht and ston,
On a field a glory, no wae feeds and drips.
A sherp point in the hert, a sherp point oan ma lips!

ALL THE CADETS

Ah'm stervin!

CYRANO

Ach, ye think of naethin but food!
– C' moan, Bertrandou, auld shepherd, gie's yer flute;
Take wan a yer fifes oot of its leather case,
Gie a blaw, shame thae greedy-guts tae their face,
Pley the auld folk-tunes wae their repetitions,
Ivry note a little sister's visions,
Soonds a loved voices hauden in their phrases,
Airs as sleeepy as the smeek that lazes
Up fae clachan roofs and chimley-taps,
Music that prees its dialectal staps!... *(Bertrandou plays)*
– Let the fife forget its fechter's skirlin
Wan moment, while yer fingers dae their whirlin
Like a fine dance a livin wings oan the stem,
A reed the reality, ebony the stratagem:
And the sang pricks the ears a the reed, tae recaw
Its sowl, its youth, its glens, its peace an aw...
– Listen, Gascons! His fingers'll no pley
The sherp fife a the camps, but the flute's wey
A the foarests; nae whusslin up the clans
But dreamy goatherds pipin slaw pavanes...
– Listen... This is the glen, the wids, the hill-tap,
The sunbrunt herd-laddie wae'z rid cap,
The gloamin ower Dordogne, its dear greeen mastery...
Listen, Gascons: it's here, it's yours, it's Gascony!

LE BRET / CARBON

Ye've made them greet!

CYRANO

They're only hamesick noo,

No hungry; in a moral, no a physical stew!
It's better fur their sufferin tae be less visceral,
Their herts and no their wames tae still be miserable.

LE BRET / CARBON

Ye'll make them sae saft-hertit they'll no fight!

CYRANO

Nut a chance. They may be heroes oota sight
But niver oota mind. Watch... *(signals to drummer to strike up)*

ALL THE CADETS

                   Whit's up? – Who?...

CYRANO

Ye see? It only takes a drum-roll, and adieu
Tae dreams, love, but-and-ben, and saft regret...
Flutes may gie, but drums baith gie and get!

A CADET

Oh! Look! Monsieur de Guiche!

ALL THE CADETS

                 Aw...!

CYRANO

                   A murmur

Tae flatter him!

A CADET

      He bugs us!

SECOND CADET

              Look at his armour
Cover't wae thon lace coallar, whit a scunner!

THIRD CADET

Linen on tap a iron, prood as Punch, nae wunner!

FIRST CADET

Nae yaise unless his neck had a carbuncle!

SECOND CADET

Wance a courtier...

FOURTH CADET

           Right nevvy a iz uncle!

LE BRET / CARBON

He *is* a Gascon...

FIRST CADET

         A bad yin, dinnae trust him.
Gascons ur ay that wee bit mad. Bust him

If he's a sane-type Gascon, they're a menace.

LE BRET / CARBON

He's pale.

FIFTH CADET

              He's hungry...

                         Jist like uz, daein penance.
But thae gilt studs that hod his armour tight
Make his gastric cramps glisk in the sunlight!

CYRANO

Don't let him see yeese wi lang faces! Start
Pleyin dice, cairds, light yer pipes...

                         Ah'll read Descartes.

❧ Scene 4

DE GUICHE (to Le Bret / Carbon)

Good-morning!

              – He's looking poorly. (aside)

LE BRET / CARBON (aside)

                         – Big sunken eyes.

DE GUICHE

So these are the malcontents?... I recognize,
Gentlemen, that you are all jeers and gibes
For me, that you Cadets, you mountain tribes,
Grampian lairds and Morvern caterans,
Despise your colonel and his caparisons,
Damn him for a devious courtier, distrust
A breastplate collared with lace instead of rust,
Devour with internecine indignation
The anti-shabbies of the Gascon nation!
So should I let your captain punish you?
No.

LE BRET / CARBON

     Ah'm ma ain boss; there's nae punishin to do.

DE GUICHE

Oh?

LE BRET / CARBON

     It's ma company, Ah'm its peymaister.
Only battle-orders override.

DE GUICHE

                                        So they may, sir,
We shall see.
(to the Cadets) – I can take your buckshot in my stride.
My conduct under volleys is well tried.
At Bapaume yesterday my rage was clear
In sending Comte de Bucquoi out on his ear;
My men charged his, three times, and broke right through
Like an avalanche!

CYRANO

                        – The white scarf too?

DE GUICHE

You know that detail? Yes, it comes in pat.
When I had made a half-turn, just for that
Third charge, and was regrouping my men,
A stream of refugees lassooed me then
Towards the enemy lines, where I'd be caught
Or shot, if I'd not had the wit to unknot
And slide to the ground the scarf that like a flag
Announced my rank. Safely, minus that rag,
I found a way to stay unrecognized,
Fox the Spaniards, come back, catch them surprised,
And batter them when all my men rushed forth!
– Well, how does that ploy strike you?

CYRANO

                                        Henry the Fourth
Wid niver hiv gien ower his big white plume,
No maitter if the nummers smelt a doom.

DE GUICHE

My trick did work, though.

CYRANO

                        Aye, mibbe it did.
But the honour a bein a target can't be hid.
If Ah hid been therr when the scarf slipped doon –
We dinnae share the same sense a High Noon –
Ah'd huv picked it up and pit it oan.

DE GUICHE

Oh, yes, the braggart. Typical Gascon!

CYRANO

                              Typical Gascon?
Gie's a len a the scarf, it'll be the saltire
When Ah lead today's Cadets tae the thick a the fire.

DE GUICHE

Another Gascon offer! You know full well
The scarf's on the enemy river-bank where it fell,
In a spot riddled since then with grape-shot,
Where no one could ever find it!

CYRANO (*draws the white scarf from his pocket*)

                              You think not?

DE GUICHE

Thank you. I can use this visible piece of white
To make a signal, now the time is right.

ALL THE CADETS

What...?

THE SENTRY

                A man runnin, and there's nae truce!...

DE GUICHE

My double agent. He is of utmost use.
I give him information to abuse
The Spaniards, who don't know he plays our game.

CYRANO

He's a scoonrel!

DE GUICHE

                    But useful all the same.
We were saying? Ah yes, a piece of news.
Last night – revictualling – a supreme ruse –
The Marshal slipped off quietly to Dourlens
And the royal quartermaster, travelling long
Through ploughlands; but to come back safe and sound
He took such a great swatch of troops, it's bound
To leave us vulnerable in the extreme:
Half the army's vanished like a dream!

LE BRET / CARBON

If the Spaniards knew, that wid be domino!
But they don't, dae they?

DE GUICHE

                          Yes, they know.

They are going to attack.

LE BRET / CARBON

Ah!

DE GUICHE

Yes, my double spy
Gave me a warning that the shots would fly.
He added: 'I can predetermine the place;
Just tell me which you want to be the base,
I'll say it is the most defenceless, bang
Will come the guns upon it.' So we sang
Our duet. 'Good,' I said, 'leave camp, keep eyes
Peeled for a signal from our lines, flagwise.'

LE BRET / CARBON
Gentlemen, get ready!

DE GUICHE

In an hour.

FIRST CADET

Oh, in that case!...

DE GUICHE
We must gain time. The Marshal is the ace.

LE BRET / CARBON
And hoo'd we dae it?

DE GUICHE

You will be so good
As to get yourselves slaughtered.

CYRANO

Ha! in revenge mood?

DE GUICHE
I'd never claim that if I liked you, I'd
Have chosen you and yours, but that aside,
Just as your daring pleases every judge,
I serve my King by serving an old grudge.

CYRANO
Alloo me, sir, tae express ma gratitude.

DE GUICHE
A hundred against one's your preferred attitude.
Now's your opportunity. Don't take *too* much on!

CYRANO *(to the Cadets)*
Well, gentlemen, see wur Gascon escutcheon:

It's gote six chevrons, blue and gold, and noo
We'll add a rid wan, as the bluid comes through!

Christian?...

CHRISTIAN

　　　　　Roxane...

CYRANO

　　　　　　　　Ah know...

CHRISTIAN

　　　　　　　　　　　Ah'd love tae pit
Ma hert's goodbye in a letter that's no writ!

CYRANO

Ah doot Ah hid a forecast of today...
Here's yer fareweels.

CHRISTIAN

　　　　　　Shaw me!

CYRANO

　　　　　　　　Ye wahnt..?

CHRISTIAN

　　　　　　　　　　　Ah'll say!

Whit's this?

CYRANO

　　　　Whit?

CHRISTIAN

　　　　　A wee spoat...

CYRANO

　　　　　　　　Spoat?

CHRISTIAN

　　　　　　　　　It's a tear!

CYRANO

Aye, well... A poet's caught in full career,
Ye know... like a spell... gey emotional:
Ah made masel greet, fur aw it wis only notional.

CHRISTIAN

Greet?

CYRANO

　　　Aye because... it's no the dyin that's terrible,
It's... niver tae see her again... *that*'s horrible!
Ye know Ah'll niver...

　　　　　　　we'll niver...

　　　　　　　　　　you'll niver...

CHRISTIAN
See's the letter!
SENTRY'S VOICE
Goadsboady! Who goes therr?
LE BRET / CARBON
What the...?
THE SENTRY
A cairriage!
VARIOUS CRIES
In the camp? – It's here!
– Looks like it's fae the enemy! – Deil the fear! –
Fire! – Naw! – The driver's shoutin! – Something! –
Whit? – 'On the King's Service!'
DE GUICHE
The King? The King?
LE BRET / CARBON
Hats aff, the loata ye!
DE GUICHE
It's the King! – Stand back!
What a mob! Let the carriage keep the track!
LE BRET / CARBON
General salute!
DE GUICHE
Lower the steps!
ROXANE *(jumps down from the carriage)*
Good-moarning!

⊰ *Scene* 5

DE GUICHE
On the King's Service! You?
ROXANE
Of Love, the All-King!
CYRANO
Guid Gode!
CHRISTIAN
You! How...?
ROXANE
This siege is faur too lang!

CHRISTIAN
  How...?
ROXANE
        Ah'll tell ye!
CYRANO
              Gode, it's aw wrang!
DE GUICHE
  You cannot stay here!
ROXANE
              Oh but Ah can, Ah can!
  Wid ye jist pass me a drum?...
                    Thankye, that's gran'! *(sits on drum)*
  They shoat at ma cairriage!
                  A haill patrol!
  – It's like an auld pumpkin; look at that hole!
  Like the fairy-tale – and the pair fitmen made
  Fae rats!
        Good-moarnin!
              Ye aw look sair decayed.
  – It's a lang haul, Arras fae Paris.
                    Cousin, hullo!
CYRANO
  But how...?
ROXANE
        How did Ah fin the ermy? Oh
  It wis so dead easy, ma freen. Ah held
  Furrit where the grun wis aw straft and shelled –
  See thon – the horrors – Ah'd niver hiv believed
  But ma eyes seen it aw. Ask the bereaved
  Aboot the King's service – and mine!
CYRANO
                    This is mad!
  How in Gode's name did ye get through?
ROXANE
                        No bad:
  Through the Spainish lines.
FIRST CADET
                  Real women's wiles!

DE GUICHE

But how on earth? You can't do that with smiles.

LE BRET / CARBON

It can't hiv been that easy...

ROXANE

                              Well, why not?
Ah simply kept ma cairriage at a trot.
If some right mean hawk-faced hidalgo showed,
Ah gien a gret smile fae ma windae, he *glowed* –
Ah huv tae say thae señors hiv real class
(Mair than the Français even) – and let me pass!

LE BRET / CARBON

Ah'm shair yer smile's a passport any day!
But somebdy musta called on ye to say
Where ye were gaun, Madame?

ROXANE

                              Right enough, oh aye.
'Ah'm gaun tae see ma lover' wis ma reply.
– Even the maist fierce-lukkin señor therr
Doucely snecked the cairriage door, the berr
Waved away the muskets trained on me
Wae a waff a the hon of right royal degree,
Sae ice-cool, prood, gracious aw at wance,
His spurs pokin fae fluted lace, the dance
A his plume wae the wind oan his hat –
Bowed, sayed 'Pass, señorita!', jist like that!

CHRISTIAN

But, Roxane...

ROXANE

                  Ah know, Ah sayed 'lover', forgie me!
But if Ah'd sayed 'husband', naebdy wid gie me
A pass!

CHRISTIAN

          But...

ROXANE

              Whit's wrang?

DE GUICHE

                        Simply, you must
Leave, immediately!

ROXANE

   Me?

CYRANO

     Toot sweet!

LE BRET / CARBON

       At wunst!

CHRISTIAN

 Yes!

ROXANE

 How?

CHRISTIAN

   Because...

CYRANO

    In nearly wan oor...

DE GUICHE

       Or one hour...

LE BRET / CARBON

 Ye'd better... Ye could...

ROXANE

     Ah'm steyin, till the fight's ower.

ALL

 Oh! no!

ROXANE

   He's ma husband!

     If he dies, Ah die!

CHRISTIAN

 Yer eyes say ye mean it!

ROXANE

     And ye don't know why?

DE GUICHE

 This place is dangerous!

ROXANE

    Dangerous?

CYRANO

      Well, he should know:

 He made it that way!

ROXANE *(to De Guiche)*

    Ye wahnt me a widow?

DE GUICHE

I swear to you...

ROXANE

Naw, Ah'm daft, but ye'll excuse me
If Ah stey, Ah'm goannae stey. It might amuse me.

CYRANO

Godesake! 'The Intelleᔕual Woman as Heroine'?

ROXANE

Monsieur de Bergerac, Ah am your cousin.

A CADET

We'll defend you well!

ROXANE

Ah believe ye, ma freen!

ANOTHER CADET

The haill camp smells a irises!

ROXANE

And that means
Ah wis right tae choose ma best hat fur the battle!...
– But isn't it time fur wur dear Count tae scuttle?
Things may stert soon.

DE GUICHE

This is too much! I must
Inspeᔕ my cannons. I'll be back. I trust
You'll use the time to change your mind!

ROXANE

Niver!

⚘ Scene 6

CHRISTIAN

Roxane!...

ROXANE

Naw!

FIRST CADET

She's steyin!

ALL THE CADETS

A comb! – Saip! – Some tan
Fur ma leathers! – A needle! – A ribbon! – Yer mirror! –
Ma cuffs! – Yer 'tache-trimmer! – Gode, a razor!

ROXANE
Naw, ye cannae make me budge fae this place!

LE BRET / CARBON
Well, it wid be guid and fittin, in that case,
If Ah presentit those aboot tae rise
And hiv the honour a dyin before yer eyes:
Baron de Peyrescous de Colignac!

THE CADET
                              Madame...

LE BRET / CARBON
Baron de Casterac de Cahuzac. – Vidame
De Malgouyre Estressas Lésbas d' Escarabiot. –
Chevalier d' Antignac-Juzet. – Baron Hillot
De Blagnac-Saléchan de Castel-Crabioules...

ROXANE
But hiv ye all as many names?

BARON HILLOT
                              In full!

LE BRET / CARBON
Open that hon wae the hanky in it.

ROXANE
                                        Whit fur?

LE BRET / CARBON
Ma troops had nae flag. Noo madame, noo sur,
By Christ we've gote the best flag in two ermies!

ROXANE
It's a bet wee.

LE BRET / CARBON
                   Aye, but it's lace, it's Hermès!

A CADET
She's a sweet face, and Ah could dee fur it,
If only Ah'd a peanut here, tae chaw a bit!

LE BRET / CARBON
Hey, cut the talk a food when this fine lady...!

ROXANE
But Ah'm the same. The camp's air's sherp, no shady.
Pâté, glazed chicken, a nice wine... That wid dae.
– Kin ye get me thae, please!

A CADET

                    Whit, Aw thae?

ANOTHER CADET

  My Gode, where wid we get them?

ROXANE

                              In ma cairriage.

ALL

  What!

ROXANE

        Tae bone and kerve wid take an age,
  But hiv a close look at ma coachman, sirs,
  And ye'll soon see the maestro of aw that stirs,
  He'll reheat aw the sauces, his cakes are airy...

THE CADETS

  It's Ragueneau!

                Oh! Oh!

ROXANE

                        Pair men!

CYRANO

                              Guid fairy!

RAGUENEAU

  Gentlemen!...

THE CADETS

                Braw! Bravo!

RAGUENEAU

                        The Spaniards cast
  Sich passioned eye-passes; they let the repast past!

CYRANO

  Christian!

RAGUENEAU

        Distractit by their gallantries
  They niver saw...

                the galantines!...

CYRANO

                        Please,
  Christian, wan wurd...

RAGUENEAU

                  And Venus's benison
  Chermed them, while Diana...

                        poached her venison!

CYRANO

    Ah must speak t'ye!

ROXANE

                Pit it therr on the grun!

    (to Christian) Make yersel useful!

RAGUENEAU

                      Peacock truffle!

FIRST CADET

                          Son-of-a-gun!

    At least we'll no be jynin the deceased
    Withoot a blow-out...

                sorry, a Belshazzar's feast!

RAGUENEAU

    The cushions are stuffed wae finches!

THIRD CADET

                  Oh man, crazy!

RAGUENEAU

    Carafes a rubies!...

            Carafes a topazes, eh?

ROXANE

    Spreed this cloth! C'moan noo, show yer ardour!

RAGUENEAU

    Each lantern, see, is like a little larder!

CYRANO

    Ah must talk t'ye before you talk to Roxane!

RAGUENEAU

    Ma whip-haunle's a sausage, no a flan!

ROXANE

    Since we're the doomed and fey wans, Christ! we'll no
    Gie a toss fur the others! – All fur the Gascons! So –
    If De Guiche comes, he's gote nae invitation! –
    There's time tae eat! Don't wolf it! – A libation! –
    Drink up! – Why are ye greetin?

FIRST CADET

                It's too guid!

ROXANE

    Sh! – Rid or white? – Breid fur this hungry brood! –
    A knife! – Yer plate! – Piece a crust? – Mair? –
    Ah'll serve ye! A wing? – Drap a Burgundy?

CYRANO

                                                          She's rerr!

ROXANE

  Fur you...?

CHRISTIAN

                    Nuhhin.

ROXANE

                              Wee biscuit dapped in muscatel?

CHRISTIAN

  Oh, tell me why ye came?

ROXANE

                                        Later – mibbe Ah'll tell!
  Ma furst joab's wae these pair fellas...

LE BRET / CARBON

                                                      De Guiche!

CYRANO

  Quick, hide the plates – carafes – pâté – quiche!
  Jump! – Look easy-oasy!
          (to Ragueneau) You, climb back up
  Intae yer seat! – All stashed?

❧ *Scene* 7

DE GUICHE *(sniffing)*

                              Smells good, I could sup.

A CADET *(singing)*

  To lo lo!...

DE GUICHE

                    What's wrong with you? Your face is red.

THE CADET

  Me? Nuhhin. It's ma bluid. Fight ahead!

ANOTHER CADET

  Poom...poom...poom...

DE GUICHE

                              What's that?

THE CADET *(slightly drunk)*

                                        Nuhhin! A wee song
  Ah wis...

DE GUICHE

            You seem happy, my boy. Isn't that wrong?

THE CADET
>The smell a danger...!

DE GUICHE
>>>>Captain, I...
>>>>>Hell,
>You look pleased as Punch too!

LE BRET / CARBON
>>>>>>Oh!...

DE GUICHE
>>>>>>Really! Well,
>I've brought two cannons for you...
>>>>>>There, in the corner.
>Your men can use them to back up their honour.

A CADET
>Carin colonel, eh?

ANOTHER CADET
>>>>Sich solici-ssissi-tude!

DE GUICHE
>You are all mad!
>>>>– Now each of you being a dude
>With cannons, remember the recoil.

FIRST CADET
>>>>>>Ah! pfftt!

DE GUICHE
>>>>>>>You mutt!

THE CADET
>A Gascon cannon cannae recoil, but.

DE GUICHE
>You're drunk!... On what?

THE CADET
>>>>Whiff a gunpouther!

DE GUICHE *(to Roxane)*
>Now, Madame, are you ready to make your path smoother?

ROXANE
>Ah'm steyin!

DE GUICHE
>>>Escape!

ROXANE
>>>>Naw!

DE GUICHE

I must believe you.
Give me a musket, someone.

LE BRET / CARBON

Whit?

DE GUICHE

I'm staying too.

CYRANO

At last, sir, a man a courage eftir aw!

FIRST CADET

A true Gascon, under lace like snaw!

ROXANE

Whit?...

DE GUICHE

I won't leave a woman in a crisis.

SECOND CADET *(to the first)*

Kin we no gie him a wee tart and some ices?

DE GUICHE

Food!

THIRD CADET

It's creepin oot fae the pullovers!

DE GUICHE

Do you imagine I shall eat left-overs?

CYRANO

Ye're comin oan!

DE GUICHE

I can still fight and sterve.

FIRST CADET

Sterve! He's gote the accent!

DE GUICHE

Right!

THE CADET

He'll serve.

LE BRET / CARBON

Ah've set up ma pikemen. Ready fur anything!

DE GUICHE *(to Roxane)*

Shall we review the troops then? Our last fling!

CHRISTIAN *(to Cyrano)*

Quick, tell me!

THE PIKEMEN *(offstage)*
                       Hip! Hip!...

CHRISTIAN
                             Whit wis sae important?

CYRANO
    If Roxane were tae...

CHRISTIAN
                    Aye?...

CYRANO
                      If she should wahnt
Tae mention the letters...

CHRISTIAN
                      Right...

CYRANO
                         It wid be wrang
Tae be surprised if...

CHRISTIAN
                  If...?

CYRANO
                 It's a lang sang,
But Ah'll keep it simple. Seein her today,
Ah hid tae... Look, ye've...

CHRISTIAN
                   Come *oan*!

CYRANO
                         Ye may
Huv sent mair letters than ye think.

CHRISTIAN
                     Huh?

CYRANO
                     Yes!
Ah hud tae interpret yer passion, Ah hud tae guess!
Ah wrote and niver tellt ye. Ah'm still writin.

CHRISTIAN
    Oh?

CYRANO
       It's quite simple!

CHRISTIAN
                But how, wae aw the fightin...?
We're blockadit...

CYRANO

> Oh! Up at dawn, gote through
The lines...

CHRISTIAN

> Oh aye, that's aw quite simple too?
Hoo mony times a week – twice, thrice? –
Fower times? –

CYRANO

> Mair.

CHRISTIAN

> Ivry day?

CYRANO

> Ivry day. Twice.

CHRISTIAN

Ye were wrapped up in aw this, ye ran
And cheatit death...

CYRANO

> Quiet! Nut before Roxane!

❧ *Scene* 8

ROXANE

And noo, Christian!...

CHRISTIAN

> And noo, Roxane, kin ye say why
Ye traivelled here, wae durt-tracks slorpin by,
Through bad auld weird auld grizzled sojer-bauns
Linin the trail?

ROXANE

> A letter in ma hauns!

CHRISTIAN

Ye mean – ?

ROXANE

> Ye couldnae've stoapt me, whativer Ah did!
Ah drank yer letters in like wine! Yer bluid
Musta been racin last month, aw ye wrote
And aw sae fine!

CHRISTIAN

> Whit! Jist a pretty note
Or two...

ROXANE

            Shut up! Ye cannae learn by rote!
Gode, it's true Ah loved ye thon time, unner
Ma windae, when Ah saw yer sowl. Nae wunner!
Well, see that month a letters: it's jist like
Ah could still hear yer voice, still tender, strike
Through a white Brocken spectre a that night!
– Ah'm back, whativer ye think! – The pooer tae write! –
Auld Penelope widnae huv cuddled her loom
If Lord Ulysses hud sent *your* letters; doom
Or no doom, she'd 've cried, Ithaca, guid riddance!
And like Helen, skelpt her baws a wool tae the middens!

CHRISTIAN

Aye, but...

ROXANE

           Ah read, Ah reread, Ah wis shakin,
Ah wis yours. Each of these pages wis makin
Itsel intae a petal sent fae yer soul.
Ah sensed, as if it wis remote control,
Hot true gret love...

CHRISTIAN

               Ah, wis it gret and true?
Did it feel like that, Roxane?

ROXANE

                    Did it whit. Pure you.

CHRISTIAN

And ye've come...

ROXANE

             Ah've come (dear Christian, dear lord,
Ye'd lift me if Ah gote tae ma knees, Ah've poured
Ma soul at yer feet instead; noo it's in place
Ye'll niver lift *that* up tae yer face!)
Ah've come tae ask yer paurdon (and it's time
Fur paurdons, since we're in the firin-line)
Fur havin wance insultit ye, in frivolity,
By lovin ye fur naethin but yer beauty!

CHRISTIAN

Roxane!

ROXANE

        Later, ma freen, Ah wis less frivolous –
Burds hiv tae flap before they fly – a plus!
Yer face transfixt me, yer soul drew me,
Ah loved ye fur the two thegither!

CHRISTIAN

                           Alloo me...

ROXANE

Yer soul became yersel, haill and sane,
And noo Ah love ye fur yer soul alane!

CHRISTIAN

No, Roxane!...

ROXANE

              Dinnae feel bad. It's nae real praise
Bein loved fur whit is only nature's claes:
A big hert, an aspiring hert, hates thon;
But ower yer boady it wis yer mind that shone,
And yer guid looks that knoacked me aff ma feet
Ah don't see noo – ma reckonin's mair complete!

CHRISTIAN

Oh!...

ROXANE

        Ye still can't see that Ah've wan through?

CHRISTIAN

Roxane...

ROXANE

        Ah see, ye can't believe it's true,
A love like that?

CHRISTIAN

              Ah don't wahnt it, that's what!
Ah only wahnt tae be loved fur...

ROXANE

                      ... bein sought
And caught by yer auld flesh-crazy flames?
Kin ye no set yer love in higher frames?

CHRISTIAN

Naw! It wis better before!

ROXANE

              Oh ye don't understand!

It's because ma love is higher it's sae grand!
Whit's wunnerfu is whit makes you really you,
And if ye loast yer looks...

CHRISTIAN

                              Stoap it!

ROXANE

                                        ... if ye blew
It, yer guid looks, like that, Ah'll love ye still...

CHRISTIAN
Don't say it!

ROXANE

                    Ah will say it!

CHRISTIAN

                              In at the kill?

ROXANE
Nae kill, Ah sweer it!

CHRISTIAN

                    Gode!

ROXANE

                              Ye're ecstatic?

CHRISTIAN *(Stifled voice)*
Oh!...

ROXANE

          Whit's wrang?

CHRISTIAN

                    Nuthin. Ah hiv tae take...

ROXANE
But...?

CHRISTIAN *(showing her the Cadets)*
          Love fur me took ye fae yer duty:
Be nice tae them before they go to shoot, eh?

ROXANE
Dear Christian!... *(she moves off towards the Cadets)*

❧ *Scene* 9

CHRISTIAN

                    Cyrano!

CYRANO

                              Ye're white as a sheet!

CHRISTIAN
>   She disnae love me!

CYRANO
>   How?

CHRISTIAN
>   It's you she should meet!

CYRANO
>   Naw!

CHRISTIAN
>   Only ma *soul* she loves!

CYRANO
>   Naw!

CHRISTIAN
>   Yes!
>   It's you she loves – ye love her too, Ah guess!

CYRANO
>   Me?

CHRISTIAN
>   Of coorse.

CYRANO
>   It's true.

CHRISTIAN
>   Madly.

CYRANO
>   And mair.

CHRISTIAN
>   Tell her!

CYRANO
>   Naw!

CHRISTIAN
>   How no?

CYRANO
>   Ma face! Ah'd no dare.

CHRISTIAN
>   She'd love me even ugly!

CYRANO
>   She sayed that?

CHRISTIAN
>   Aye!

CYRANO

    Ah'm gled she said it, but it's pie in the sky!

    C'moan, c'moan, ye cannae believe sich tripe!

    – My Gode, Ah'm gled she thote it wisnae hype

    Tae *say* it, but – och naw, it's too absurd –

    Don't *you* become ugly, she'd gie *me* a black wurd!

CHRISTIAN

    Test the haill thing!

CYRANO

               Naw, naw!

CHRISTIAN

                    She's gote tae choose!

    You tell her ivrythin!

CYRANO

                Naw, naw. Gie me the blues.

CHRISTIAN

    Sae Ah've tae kill your happiness wae ma looks?

    That's haurdly fair!

CYRANO

              Sae Ah've tae pit the hooks

    On yours wae ma boarn gift – and it's nae mair –

    Tae express whit you might feel – and is that fair?

CHRISTIAN

    Tell her the loat!

CYRANO

            Gode, he keeps oan temptin, temptin!

CHRISTIAN

    Ah'm tired a ma doppelgänger, ay pre-emptin!

CYRANO

    Christian!

CHRISTIAN

          That mairriage – clandestine – unwitnessed –

    We kin brek it – if we survive!

CYRANO

              Oh he's persistent!

CHRISTIAN

    Ah wahnt tae be loved fur masel, or nut at all!

    Ah must know, Ah must! – Ah'll walk by the wall,

    Ah'll be back. Speak tae her, tell her it hiz tae stoap –

    It's you or me!

CYRANO

It'll be you.

CHRISTIAN

But... well. Ah hope.

Roxane!

CYRANO

Naw! Naw!

ROXANE

Whit?

CHRISTIAN

Cyrano wahnts tae say

Sumhm important...

❧ *Scene* 10

ROXANE

Important?

CYRANO

Gode, he's away!...

Nuthin! He often – Ah'm shair ye know – gies

Importance tae nuthin!

ROXANE

Oh, Ah doot he sees

Nae truth in what Ah tellt him... He didnae seem...

CYRANO

But *wiz* it really truth, and no some dream?

ROXANE

Aye, certainly, Ah'd love him even...

CYRANO

Ye fin it queasy

When Ah'm here?

ROXANE

But...

CYRANO

Go ahead. Ah'm easy.

– Even if he wis ugly?

ROXANE

Even ugly.

– Oh! Hear the shots!

CYRANO
  Even an Elephant Man?
ROXANE
                    A fright!
CYRANO
                            Scars and spots?
ROXANE
                                    Scars, spots!
CYRANO
  Grotesque?
ROXANE
          He could niver iver be grotesque!
CYRANO
  Ye'd still keep yer love?
ROXANE
                  – Yes. Esmeraldesque!
CYRANO *(aside)*
  Gode, mibbe it's true. Happiness could grow...
  Ah'll... Roxane... Listen...
LE BRET / CARBON
                  Cyrano!
CYRANO
                          Aye?
LE BRET / CARBON *(whispers to Cyrano)*
                          Sh!
CYRANO
                          Oh no!
ROXANE
  Whit's wrang?
CYRANO *(aside)*
          That's it. Kaput.
ROXANE
                      Whit's... aw the guns?
CYRANO
  Noo Ah can't tell her under moons or suns.
ROXANE
  Whit's happenin?
CYRANO
          Nuthin!

ROXANE

These men?

CYRANO

Niver heed...

ROXANE

But whit were ye aboot tae say?...

CYRANO

Whit, indeed? –
Oh nuthin, nuthin at aw, Madame, truly!
Ah sweer that Christian's mind and soul fully
Attained...

attain gretness...

ROXANE

Attained?

– Ah!

CYRANO

It's the end.

ROXANE

Christian!

LE BRET / CARBON *(to Cyrano)*

By the furst gunburst they could send!
– They're attackin! Get ready!

ROXANE

Christian!

VOICE OF LE BRET / CARBON *(beyond the parapet)*

Quick!

ROXANE

Christian!

LA BRET / CARBON

Fall in!

ROXANE

Christian!

LE BRET / CARBON

Matches... stick!

CHRISTIAN *(dying voice)*

Roxane!...

CYRANO *(to Christian)*

She knows. It's you she loves indeed.

ROXANE

Whit, ma dear?

LE BRET / CARBON

Ramrods up!

ROXANE

Oh, he's no deid?

LE BRET / CARBON

Bite the chairges open!

ROXANE

His cheek on ma ain!

Ah kin feel it chill and bluidless...

LE BRET / CARBON

Take aim!

ROXANE

He's gote a letter!

Fur me!

CYRANO *(aside)*

Ma letter.

LE BRET / CARBON

Fire!

CYRANO

Roxane, Roxane, they're fightin!

ROXANE

Nae mair desire.

He's deid. Stey. Who really knew him but you?

– Wis he no somewan fine, through and through,

Marvellous?

CYRANO

Aye, Roxané.

ROXANE

A poet in the sky

Of adoration?

CYRANO

Aye, Roxane.

ROXANE

A right high-flyer?

CYRANO

Aye,

Roxane!

ROXANE

>A deep hert, hidden fae women and men,
A gret soul, a chermer?

CYRANO

>Aye, Roxane.

ROXANE

He's deid!

CYRANO

>And Ah should dee with him the-day:
She disnae know it's me she's laid away!

DE GUICHE

The promised signal! You hear the brass, the fanfare!
The French will soon be here with their best fare!
Hold on still!

ROXANE

>Look – see his letters, tears,

Bluid!

A VOICE

>Surrender!

CADETS' VOICES

>Naw!

RAGUENEAU

>The ermy nears!

CYRANO *(to De Guiche)*

Take her aff! Ah'm chairgin!

ROXANE

>His bluid oan ma palms!

RAGUENEAU

She's faintit!

DE GUICHE *(to cadets)*

>Hold fast!

A VOICE

>Lay down your arms!

CADETS' VOICES

Naw!

CYRANO *(to De Guiche)*

>Sir, Ah wid say ye've proved yer mettle:
Make yer escape wae her!

DE GUICHE

All right! But the battle

Can still be won...

CYRANO

Right, aye.

Goodbye, Roxane!

(De Guiche carries the fainting Roxane away, helped by Ragueneau)

LE BRET / CARBON

We're crummlin! Ah've been hit twice. Oh, man!..

CYRANO *(speaks some Gascon)*

Braw loons, divnae draa baack!

We're no deid yet!

Two deaths tae avenge: Christian's, and ma set

A happy hopes! – That flag! Her lace, her monogram!

Fa's radgie ti camshachle them!

(to the fifer:) Pley! No a psalm!

A CADET

They're oan the parapet!

CYRANO

Right, we'll no be shy!

Fire!

CRY FROM ENEMY'S RANKS

Fire!

A SPANISH OFFICER

Who are these men, so keen to die?

CYRANO

I present you the Gascon cadets,

Captained by Castel-Jaloux:

Bangsters, fibbers with no regrets,

These are the Gascon cadets...

Act 5

Cyrano's Gazette. Convent park of the Ladies of the Cross, Paris, fifteen years later, 1655. Autumn; falling leaves.

❧ Scene 1

NUNS' SONG
> Now comes the autumn of the year.
> Summer skies were bright and clear,
> But harvest with its fruits draws near.

> 'Nip in the air!' the jackdaws cry.
> Russet shapes dance out and fly.
> Sweep the leaves or let them lie.

> God who lets the roses blow
> Knows that things must die to grow.
> The dark seed sleeps and dreams below.

> God is neither rose nor leaf
> But watches over death and grief,
> Sweeps us like leaves in sweet relief.

SISTER MARTHE
> *Twice*, Sister Claire checked her coif was straight
> In the looking-glass.

MOTHER MARGUERITE
> Her soul's in a bad state.

SISTER CLAIRE
> But Sister Marthe removed a prune from the tart
> This morning: I saw her.

MOTHER MARGUERITE
> Not good, Sister Marthe.

SISTER CLAIRE
> One tiny glance!

SISTER MARTHE

> One very tiny prune!

MOTHER MARGUERITE

I shall tell Monsieur Cyrano this afternoon.

SISTER CLAIRE

Oh no! He'll laugh at us!

SISTER MARTHE

> He'll say all nuns

Are coquettes!

SISTER CLAIRE

> And gluttons!

MOTHER MARGUERITE

> But very good ones.

SISTER CLAIRE

Is it not true, Mother Marguerite, our door
Has seen him each Saturday for a decade?

MOTHER MARGUERITE

> And more!

Ever since his cousin came to brood
In her black veil, swooping on our linen hood
Like a great rook upon a pigeon-house!
Fourteen years, with a grief we'll never douse!

SISTER MARTHE

No one but he has ever been able to strip
The mourning from Roxane, or loosen its grip.

ALL THE SISTERS

He's such a funster! – We really love his visits! –
He teases us! – He's sweet! – He lifts our spirits! –
We bake our angel cakes for his delight!

SISTER MARTHE

And yet his Catholic faith is far from right!

SISTER CLAIRE

We shall convert him.

THE SISTERS

> Yes! Yes!

MOTHER MARGUERITE

> No no, you won't,

Children, tackle him on that score. Don't
Torment him: if you do, he'll stay away!

SISTER MARTHE
But... God...

MOTHER MARGUERITE
              God knows him. Leave it his way.

SISTER MARTHE
But every Saturday he strides in to say,
'Sister, I ate some good meat yesterday!'

MOTHER MARGUERITE
Ah! he tells you that?... Well, the last time he came
He had been hungry for two days.

SISTER MARTHE
                        Mother, the shame!

MOTHER MARGUERITE
He's poor.

SISTER MARTHE
        Who told you?

MOTHER MAREURITE
                  Monsieur Le Bret-Carbon.

SISTER MARTHE
Can no one help him?

MOTHER MARGUERITE
              No, he's proud and alone.
– Come, we must go in. Madame Magdaleine
Has a guest: they are walking in the garden.

SISTER MARTHE
Is it the Marshal Duke de Grammont?

SISTER CLAIRE
                              I think so.

SISTER MARTHE
When did he last see her? – Oh, ages ago!

THE SISTERS
He's busy! – The court! – The camps!

SISTER CLAIRE
                        Bond on bond!

❧ *Scene* 2

THE DUKE (*formerly Count de Guiche*)
And will you stay here still, a hidden blonde
Always in mourning?

ROXANE

Always.

THE DUKE

Faithful?

ROXANE

Aye.

THE DUKE

Have you forgiven me?

ROXANE

Convents pit hate by.

THE DUKE

Was he quite such a... ?

ROXANE

Ye hud tae know him well.

THE DUKE

Had to?... Ah, I was never under his spell!
– And his last letter is still beside your heart?

ROXANE

Unner the velvet; ma haly habit part!

THE DUKE

He is dead, you know.

ROXANE

Whiles, Ah cannae think
But he's only hauf deid, oor herts rise and sink
Thegither, his love's aw roon, soomin, daffin!

THE DUKE

Cyrano comes here to see you?

ROXANE

Aften.

– Ma auld freen's like a guid news magazine.
Arrives like clockwork; this very tree's his scene,
They pit his cherr here if it's fine; Ah wait,
Ay sewin sumhm; the oor strikes like fate;
Ah niver turn ma heid, but hear his stick
Chappin doon the steps; he sits; takes the mick
Oota ma endless taipestry; takes me through
The chronicle a the week, and...

Le Bret-Carbon, you!

How's oor freen gaun?

LE BRET / CARBON

               No weel.

THE DUKE

                    Oh!

ROXANE *(to the Duke)*

                      He piles it oan.

LE BRET / CARBON

Ah saw it comin. He's wretched, he's alone.
He raises hackles no maitter whit he writes.
He scarts at pseudo-nobles, prude-parasites,
Blootert braves, plagiarists – the loat.

ROXANE

But his sword strikes terror in a tight spoat?
Naebdy kin ston up tae him, kin they?

THE DUKE

                      Who knows?

LE BRET / CARBON

It's no bein mugged by thugs that brings the close,
It's bein freenless, hungry, freezin. He pads
Back, wolf-like, tae his daurk room. Nae footpads
But disinterested killers make him away.
He tightens his belt wan notch ivry day.
His nose is like auld ivory, puir thing.
He's only gote wan shabby suit tae bring.

THE DUKE

Well, he's no yuppie! – But don't be so partial;
Don't be too sorry for him.

LE BRET / CARBON

                 – Says the Marshal!...

THE DUKE

Don't be too sorry. He scorns fudges, pacts.
He's lived as free in thought as free in acts.

LE BRET / CARBON

Says the Marshal!...

THE DUKE

            I know: I have all, he has zero.
But I would shake his hand, he *is* a hero.
– Goodbye.

ROXANE

       Ah'll shaw ye oot.

THE DUKE
>I envy him at times.
– You know, you get to the top, without crimes,
Nothing really bad, thank God, yet you feel
A thousand little self-disgusts that steal
Into you, not with remorse, but obscure disquiet;
And the well-furred ducal cloaks cannot deny it:
They climb the measured stairs of greatness dragging
A rustle of dry illusions and regrets, swagging
The arc of steps like your black dress that grieves
Drifting towards the door through these dead leaves.

ROXANE
Yer mind is driftin tae!...

THE DUKE
>Yes, well.
>Le Bret-Carbon!
(to Roxane) Forgive me, One word.
>*(to Le Bret-Carbon, low voice)* I'm sure it's wrong
To imagine a direct attack on Cyrano;
But he's much hated; and someone in the know
Told me yesterday in court, playing go,
'That man could have a fatal accident.'

LE BRET / CARBON
Ah?...

THE DUKE
>Yes. Tell him to stay home, be prudent.

LE BRET / CARBON
>Prudent?
He's almost here. Ah'll warn him. But!...

ROXANE
>Whit is it?

THE NUN
Ragueneau, Madame, has come to visit.

ROXANE
Let him in.
>He's come tae cry poaverty.
Sterted aff as a *writer* but then gaed over tae
Singer...

LE BRET / CARBON
              Masseur...
ROXANE
                      Actor...
LE BRET / CARBON
                          Janny...
ROXANE
                              Barber...
LE BRET / CARBON
                                  Lute-
    Teacher...
ROXANE
    Whit could he be noo, he's that astute?
RAGUENEAU
    Ah! Madame!
              Sir!
ROXANE
              Unburden yersel here
    Tae Le Bret-Carbon. Ah'll be back.
RAGUENEAU
                          But...

❧ *Scene 3*

                              Well, *you* can hear
    What Ah'd raither she didnae. No long back
    Ah wis gaun tae see yer freen fur a bit crack.
    A few yairds fae his hoose Ah seen him leave.
    Ah goes tae catch up wae'm. Wid ye believe,
    At the street coarner, as Ah'm runnin, Ah watch
    A lackey at a windae he'd pass under snatch
    A log and drap it doon – an accident?
LE BRET / CARBON
    The coofs!... Cyrano!
RAGENEAU
                      Ah'm therr, it's hard tae pent...
LE BRET / CARBON
    It's horrible!
RAGUENEAU
              Oor freen, sir, oor poet, hauf deid,

Layin on the grun wae a gapin dunt in his heid!

LE BRET / CARBON

No deid though?

RAGUENEAU

Naw, but... Gode! Ah cairried him hame,
Back tae his room... And whit a dump... The shame...

LE BRET / CARBON

He's in pain?

RAGUENEAU

Naw, he loast coansciousness.

LE BRET / CARBON

A doactor?

RAGUENEAU

A charity wan came, tae assess...

LE BRET / CARBON

Pair Cyrano! – We've gote tae keep this yit
Fae Roxane... And the doacter sayed...?

RAGUENEAU

A bit
Aboot – oh Ah don't know – fever, meningitis...
Oh if ye saw him – bandaged heid – the sight is
Awful! – Let's hurry! – Naebdy at his bedside! –
He'll mibbe dee if he gets up! His pride!...

LE BRET / CARBON

This way is quicker, through the chapel. Jildy!

ROXANE (appearing on the steps)

Monsieur Le Bret-Carbon!

Nae answer! Ill day
Fur me; Ragueneau and him must be thrang!

❧ Scene 4

ROXANE

The last day a September, sweet as a sang!
April's the cruellest month. Ma sadness kin smile
When autumn comes tae drowse and reconcile.
– Ah, here's where ma auld freen takes his rest –
That classic cherr!

SISTER MARTHE

Well, it's the parlour's best!

ROXANE

Ma thanks, Sister.

He'll be here soon.

Therr's the cloack! –
Ma skeins! – It's struck! – This is shairly nae joke! –
He's niver late fur the furst time in years? –
The porteress must be – ma thimmle?... ah, nae fears –
Giein him penance.

– She's no hauf at it, good grief!
– He cannae be much later. – Ugh, a deid leaf! –
Onywey, whit could – Ma scissors?... therr, at the back –
Stoap him fae comin?

A SISTER

Monsieur de Bergerac.

❧ *Scene 5*

ROXANE

Whit did Ah say!...

Oh these colours, sae fadit,
Ah'll niver match them...

Sir, ye're doongradit –
Furst time late in fourteen years!

CYRANO

Aye, it's bad!
Godestruth, Ah wis kept, kept back, and Ah'm mad!

ROXANE

Kept by?...

CYRANO

By a visit Ah could well dae withoot.

ROXANE

Oh aye? A nuisance?

CYRANO

Nuisancess, Ah doot,
Cousin.

ROXANE

Ye sent her packin?

CYRANO

Aye, Ah sayed:
Excuse me, but it's Setterday, Ah've gaed

Tae a certain place each Setterday, Ah cannae miss it;
Let an oor pass, and then gie me yer visit.

ROXANE

Ah well, yer visitor kin cool her heels!
Ah'll no let ye go until the gloamin steals...

CYRANO

Ower us? Ah'll mibbe be aff sooner than that..

ROXANE

C'moan, tease Sister Marthe!

CYRANO

                    Right!
                            Sister Marthe!

Approach!
            Fine moadest eyes – should be on show!

SISTER MARTHE

But... *(she sees the state he is in)*
        Oh!

CYRANO

Sh! It's nuthin. –
                Ate meat last night.

SISTER MARTHE

                            I know. *(aside)*

That's why he is so pale!
                (whispering) – Come to the dining-hall
As soon as you can; I shall have a huge bowl
Of soup ready... You'll be there?

CYRANO

                            Yes yes yes.

SISTER MARTHE

I see you will be reasonable – more or less!

ROXANE

Is she at the conversion?

SISTER MARTHE

                        No, I wouldn't dare!

CYRANO

Ye know, it's true! Ye niver preach! It's rare
Tae think a that, ye're so divinely gabby –
Gode-almighty, Ah'll no be a tame tabby! –
Ah'll astoon ye...

                            Right, oot comes the stapple:
Pray fur me, the night, therr in the chapel.

ROXANE

    Oh! Oh!

CYRANO

                Sister Marthe's gote nuclear fission!

SISTER MARTHE

    No, I never needed your permission.

CYRANO

    Ah'm damned if iver that damned taipestry
    A yours gets feenished!

ROXANE

                      A hoary pleasantry!

CYRANO (*as a breeze shakes down some autumn leaves*)

    The leaves!

ROXANE

            Look, they are fawin ivrywhere:
They're Titian rid.

CYRANO

                They're beauties! And sumhm mair:
Sweein doon in that arc fae branch tae grun,
They seem tae feed a beauty niver fun
Afore, and wahnt tae make that a fall a flight,
Fur aw their fear a wurms and endless night!

ROXANE

    Daurk thotes, fae you?

CYRANO

                Nut at all, Roxane!

ROXANE

    C'moan then, let the leaves desert their clan...
Tell us whit's new, who scores, who's a has-been.
Ma gazette!

CYRANO

        Right?

ROXANE

        Right.

CYRANO

            Setterday nineteen:
Eftir eight dollops a Mediterranean fruit –

Preserved – the King wis feverish; the brute
Of a fever wis lanced – twice – fur lèse-majesté,
And the noble pulse wis restored fae febricity.
Sunday twinty: At the Queen's ball, the big wan,
Seven six three white wax caunles ran
Drips. Oor troops bate John of Austria
(They say). Fowr wizards hangit. An enema
Wis gien tae Madame d'Athis's wee dug...

ROXANE

Monsieur de Bergerac, Ah'm goanny pull the rug!

CYRANO

Monday: nuthin. New lover fur Lygdamire.

ROXANE

                                        Oh!

CYRANO

Tuesday: The haill coort wheechs tae Fontainebleau.
Wensday: Comte de Fiesque – La Montglat sayed No!
Thursday: La Mancini no Queen – whit a blow!
Friday twinty-five: La Montglat sayed Aye!
Setterday twinty-six...

ROXANE

                    Hiz he faintit? But why?

Cyrano!

CYRANO

          Whit?... Ah'm...

                              Naw naw, safe and soond.

Ah'm all right. Let me be.

ROXANE

                        Aye, but...

CYRANO

                                    An auld wound

Fae Arras... pleys me up... noo and then...

ROXANE

                                    Ma freen!

CYRANO

It's naethin though. It passes...

                                and it's been.

ROXANE

Ivrywan hiz a wound. Ah still hiv mine,
The auld wound in ma breist, niver dyin.

It's therr, under the letter, the yella sheets
Wae their bluid and tears: aye, that wound still greets.

CYRANO

His letter!... Did ye no say perhaps some day
Ye'd let me read it?

ROXANE

                          His letter? Ye wahnt tae...?

CYRANO

Aye... Ah wahnt tae... Today...

ROXANE

                                              Here.

CYRANO

                                                        Ah'll open it?

ROXANE

Open it, read it!

CYRANO

                    '*Goodbye, Roxane, this is it...*'

ROXANE

Aloud?

CYRANO

        '*Dear love, Ah doot tonight's ma last.
Ma sowl is big wae the dumb love Ah've massed.
Ah'm deein! Niver, niver wae ma mesmerized eyes
And aw their desire...*'

ROXANE

                          Whit a strange surprise
Tae hear ye read!

CYRANO

                          '*...set quiverin wae delight
Will Ah be kissin yer gestures in their flight;
Ah kin see wan noo, jist a forehead touch
Wae that hon, and ah wahnt tae cry so much...*'

ROXANE

Ye read it so well, that letter!

CYRANO

                              '*And it's goodbye
That Ah cry!...*'

ROXANE

                    Ye read it...

CYRANO

               '*Ma darlin, tae die,*
     Ma dear, ma precious...'

ROXANE

               ... in a voice...

CYRANO

                       '*Ma love!...*'

ROXANE

                         ... in a tone ...

But yes, a voice and a tone Ah've always known!

CYRANO

   '*Ma hert hiz niver left ye fur a minute;*
   As fur that ither warld, Ah'll love ye in it
   As deeply as Ah loved ye here, as true...'

ROXANE

   It's daurk. How kin ye read that letter noo?
   (Long silence, in which he turns, looks at her, hangs his head.)
   – And fur thae fourteen years he pleyed the role
   Of an auld freen, sae light-hertit and droll...

CYRANO

   Roxane!

ROXANE

        It wiz you.

CYRANO

                Naw naw, Roxane. Naw!

ROXANE

   Shoulda guessed it when he sayed ma name an aw!

CYRANO

   Naw, nut me!

ROXANE

           Aye, you!

CYRANO

             Ah sweer...

ROXANE

   Noo Ah see as that selfless coortin-gear!
   The letters, *your* letters...

CYRANO

              Naw!

ROXANE

                              Dear crazy phrases,
    Yours...
CYRANO
            Naw!
ROXANE
                    And that night, aw thae praises!
CYRANO
    Ah sweer it wisnae...
ROXANE
                              That sowl wis yours!
CYRANO
    Ah niver loved ye.
ROXANE
                    Ye did!
CYRANO
                              He did – of coorse.
ROXANE
    Ye loved me!
CYRANO
                    Naw!...
ROXANE
                        Ye're no sae shair at aw!
CYRANO
    Naw, naw, dear love. Ah didnae love ye, naw.
ROXANE
    Oh but so much hiz dee'd, so much been boarn!
    – Why say nuthin, fourteen years forloarn,
    When here's a letter that is no his business,
    With your tears oan it?
CYRANO
                              But the bluid is his.
ROXANE
    Sich an awesome silence – why choose today
    Tae brek it?
CYRANO
            Why?

?* *Scene 6*

LE BRET / CARBON

                Mad! Didn't Ah say
We'd come and find him here?

CYRANO

                            Ah'm here, why nut?

LE BRET / CARBON

He should be in bed! He's deid!

ROXANE

                    Ma Gode! But
Aw that faintin... back therr... did ye get...?

CYRANO

Well noo, Ah niver feenished ma gazette:
– Setterday twinty-six: jist before denner-time,
Monsieur de Bergerac wiz murdered. See the crime...
    (takes off hat to show bandages)

ROXANE

Whit's he sayin? – Cyrano! – The bandages! –
Whit hiv thay done tae ye? Why?

CYRANO

                      It seems ages
Since Ah wance sayed Ah'd choose a swordsman's death!
Aye, Ah sayed that... But nae chance. Fate joketh!
Here Ah am, ambushed, battert like a dog,
Kilt fae behind by a lackey wae a log!
Fair enough – pair death eftir pair love.

RAGUENEAU

Oh, sir!...

CYRANO

             Ragueneau, whit ur ye thinkin of?...
Whit joab hiv ye gote noo, brither? Collier?

RAGUENEAU

Naw, the bleck's fae caunle-snuffin – wae Molière.

CYRANO

Molière!

RAGUENEAU

             Aye, but Ah'm leavin him the morra.
Ah cannae stand his sleekit weys. Tae borra
Wan a your scenes fur his *Scapin*!

LE BRET / CARBON

　　　　　　　　　　　A scene!

RAGUENEAU

　Aye, sir, the famous 'Whit the devil did he mean?...'

LE BRET / CARBON

　Molière nicked it!

CYRANO

　　　　　　　Wheesht, wheesht, it's okay.

The scene hud some effect then, wid ye say?

RAGUENEAU

　Oh, sir, they laughed and laughed!

CYRANO

　　　　　　　　　　Story a ma life.

Ah breathe, speak, prompt – cut by a knife!

Roxane, ye mind the night wae Christian at

Yer balcony? Ma life led up tae that:

While Ah wis cooried in the shedda below,

Ithers were up therr, ready tae kiss and glow!

It's fair; wae wan fit in the grave, ma mood

Says, Molière's a genius, Christian looked good!

– The bell rings fur the nuns tae go and pray!

ROXANE

　Sister! Sister!

CYRANO

　　　　　Naw, naw, don't go away!

Ah'd be gone by the time ye came back.

– Hear that harmony? Oh it fills ma last lack!

ROXANE

　Ah love ye! Live fur me!

CYRANO

　　　　　　　Naw! In the fairy-tale,

When the Prince hears 'Ah love ye', then his haill

Ugly shame melts in the rays a that sun,

But ye kin see Ah'm no the lucky one!

ROXANE

　Ah wis the cause a yer misery!

CYRANO

　　　　　　　You? The opposite!

Ah missed a wumman's touch. At ma mither's fit

Ah wis a changelin. Ah hud nae sister. Later,
Ah feart ma love's eye wid be a traitor,
Mockin me. Ye were better, nae lover, jist freen.
A wumman's grace Ah'm gled and blest ye gien.

LE BRET / CARBON

Yer ither freen has come tae see ye!
(moonlight filters through the trees)

CYRANO

                          Ah see.

ROXANE

Jist wan Ah loved, and twice he's gone fae me!

CYRANO

Ah'll soon be up therr, shinin wae the moon,
And nae machine needed, this time roon...

ROXANE

Whit d'ye mean?

CYRANO

                  Aye, the muin will be nice,
They'll beam me up intae ma paradise.
Think of aw the exiled sowls Ah'll know,
Guid Socrates, and pair Galileo!

LE BRET / CARBON

Naw, naw, it's too absurd, it's bad, it's hateful!
A poet like you! A gret hert! Ungrateful
Fate tae let ye dee like this!...

CYRANO

                     Girnin yet!

LE BRET / CARBON

Oh ma dear freen...

CYRANO

                This is the Gascon cadet...
– Elemental mass... Aye... therr's the *opus*...

LE BRET / CARBON

His learnin, through delirium!

CYRANO

                  Copernicus
Wance sayed...

ROXANE

        Oh!

CYRANO

>　　　　　But whit the divil did he mean?
> Whit the devil wis he daein in that scene?

>　　　　　Philosopher, physicist,
>　　　　　Rhymer, fighter, flautist,
>　　　　　Aerial funambulist,
>　　　　Wit returning crick for crack,
> Lover also – but see what he missed! –
>　　　　Here lies Hercule-Savinien
>　　　　De Cyrano de Bergerac
> Who once was *tout* and yet was *rien.*

Ah hiv tae leave ye, folks. Ah can't wait oan.
The moonbeam's come tae take me where Ah'm goin!
– Ah dinnae wahnt ye tae weep less fur him, *(to Roxane)*
Christian, guid man a cherm and beauty, but grim
Cauld's creepin at thae banes, and Ah wid seek
A double meanin in yer bleck-veiled cheek,
Tae grieve fur me a little, if fur him mair.

ROXANE

Ah sweer!...

CYRANO

>　　　　By Gode, no therr! No in the cherr!
> – Don't help me! – Naebdy!
>　　　　　　　　　– Nuthin but the tree!
> She's comin. Ah've gote marble feet, Ah see.
> And lead gloves tae.
>　　　　　Oh yes, she's oan her way,
> Ah'll ston here, ready,
>　　　　　wae ma sword, at bay!

LE BRET / CARBON

Cyrano!

ROXANE

>　　　Cyrano!

CYRANO

>　　　　She's starin at ma face,
> She's starin at ma nose, this Daith, this grimace.
> Whit's yer messsage?... Nae escape?... That's no news!
> But whit's the use a fightin fur shair issues?

Naw naw, it's better facin hopeless odds!
– Who ur these thoosans, shaddas, bods and sods?
Ah recognize ye, ma auld enemies!
Lies and Compromise! – Ma vengeance is
Ready... Bigotry and Cowardice! – Make a pact?
Niver, niver! And Stupidity! – Ah'll be whacked
In a moment or two, packed doon oota sight;
Niver mind: Ah'll fight! Ah'll fight! Ah'll fight!
Terr aff baith ma laurel and ma rose!
Terr them! But there's somethin at the close
Ah kin still take tonight, and at heaven's gate
Ah'll swish the big blue threshold wae, a great
Memento, unbumfled, fresh as a bloom,
Ah'll take despite ye...

and that's...

ROXANE

Yes?...

CYRANO

Ma plume.